$ 4.00

ANTEPARADISE

ANTE

A BILINGUAL EDITION

TRANSLATED BY

UNIVERSITY OF CALIFORNIA PRESS

PARADISE

RAÚL ZURITA

JACK SCHMITT

BERKELEY LOS ANGELES LONDON

University of California Press
Berkeley and Los Angeles, California

University of California Press, Ltd.
London, England

Copyright © 1986 by The Regents of the University of California

Library of Congress Cataloging-in-Publication Data

Zurita, Raúl.
    Anteparadise.

    Translation of: Anteparaíso.
    1. Zurita, Raúl—Translations, English.
I. Schmitt, Jack, 1932-   .   II. Title.
PQ8098.36.U75A8213 1986   861   85-20848
ISBN 0-520-05434-2 (alk. paper)
Printed in the United States of America

1 2 3 4 5 6 7 8 9

Acknowledgments:

To Lotty Rosenfeld for her talent and all she has meant to my life

To Rafael Parada Allende

To Mario Fonseca and Paulina Castro, the first editors of this book

Raúl Zurita

DEVOTION

To Diamela Eltit: the words
I cannot find the flag-bearer
the hunger of my heart

"THIS LAND IS BEAUTIFUL SHE TOLD ME THE STORY IS BITTER"

INTRODUCTORY NOTE

A Pledge: I won't dwell on the subject, but the fact is, we make literature, art, music, only because we're not happy. Thus all the books that have been written, the great works of art. We have not been happy.

I don't really feel comfortable talking about myself, so I'll pretend that what I'm writing now is just a pledge to myself. This work was written under conditions common to Latin America: a military dictatorship and the tragedies that always follow in (its) wake. At the time I began *Anteparadise* I no longer believed much in tradition. When we are witness to so much unnecessary pain, all history seems to fail, and with it all the great models for making poetry, art, literature. But I also think that the only meaning of art, its only purpose—quite aside from the issue of specific schools or formalisms—is to make life more humanly livable. In brief, we should keep on proposing Paradise, even if the evidence at hand might indicate that such a pursuit is folly.

I am working toward this goal, and not only as poet or artist. *Anteparadise* is the second part of a unitary work (the first part is the book *Purgatory*) that I've been writing over the past ten years. In *Anteparadise* I've employed new poetic forms, from the use of mathematics and logical systems to distortion, breaks from conventional poetic diction, and aerial writing. In my poem "The New Life," for example, the fifteen verses written in Spanish against the blue sky over New York City were composed as a homage to minority groups throughout the world and, more specifically, to the Spanish-speaking people of the United States. This poem is the conclusion of the *Anteparadise*. When I first designed this project, I thought the sky was precisely the place toward which the eyes of all communities have been directed, because they have hoped to find in it the signs of their destinies; therefore, the greatest ambition one could aspire to would be to have that same sky as a page where anyone could write.

Anteparadise was conceived as a total structure, a trajectory beginning with the experience of everything precarious and painful in our lives and concluding with a glimmer of happiness. I'll never write a *Paradise*, even if such a thing could be written today; but if it could, it would be a collective enterprise in which the life of everyone who walks the face of the earth would become the only work of art, the only epic, the only *Pietà* worthy of our admiration. I won't write it, but that is the outcome I desire.

Dante, on the last page of *La Vita Nuova,* promises to write a poem in which he hopes to write about his beloved what has never been written about any other woman. Many years later he finished the *Divine Comedy,* but to accomplish that, his beloved had to die. Well, from all those open spaces to the south of the Río Bravo, I have tried to imagine the trip in reverse, to pass not from the promise to the work, not from the New Life to the Comedy, but from the Comedy to life—opening from within ourselves like a flower, from the work to the promise, from the Old to the New World: to the shores of this land that loves us. I would like our New Life to end with these words. Except that I do not want my love to die.

Raúl Zurita

Sunset Beach, California
March 1984

**hey Zurita—he told me—get
those evil thoughts out of your head**

THE NEW LIFE

—written in the sky—
New York, June 1982

MY GOD IS HUNGER	MI DIOS ES HAMBRE
MY GOD IS SNOW	MI DIOS ES NIEVE
MY GOD IS NO	MI DIOS ES NO
MY GOD IS DISILLUSIONMENT	MI DIOS ES DESENGAÑO
MY GOD IS CARRION	MI DIOS ES CARROÑA
MY GOD IS PARADISE	MI DIOS ES PARAISO
MY GOD IS PAMPA	MI DIOS ES PAMPA
MY GOD IS CHICANO	MI DIOS ES CHICANO
MY GOD IS CANCER	MI DIOS ES CANCER
MY GOD IS EMPTINESS	MI DIOS ES VACIO
MY GOD IS WOUND	MI DIOS ES HERIDA
MY GOD IS GHETTO	MI DIOS ES GHETTO
MY GOD IS PAIN	MI DIOS ES DOLOR
MY GOD IS	MI DIOS ES
MY LOVE OF GOD	MI AMOR DE DIOS

1

LAS UTOPIAS

THE UTOPIAS

ZURITA

Como en un sueño, cuando todo estaba perdido
Zurita me dijo que iba a amainar
porque en lo más profundo de la noche
había visto una estrella. Entonces
acurrucado contra el fondo de tablas del bote
me pareció que la luz nuevamente
iluminaba mis apagados ojos.
Eso bastó. Sentí que el sopor me invadía:

ZURITA

As in a dream, when all was lost Zurita told me
it was going to clear
because in the depths of night
he had seen a star. Then
huddled against the boat's planked deck
it seemed that the light again
lit my lifeless eyes.
That's all it took. I was invaded by sleep:

LAS PLAYAS DE CHILE I

No eran esos los chilenos destinos que
lloraron   alejándose toda la playa se
iba haciendo una pura llaga en sus ojos

No eran esas playas que encontraron sino más bien el clarear
del cielo frente a sus ojos   albo   como si no fuera de ellos
en todo Chile espejeando las abiertas llagas que lavaban

    i. Empapado de lágrimas arrojó sus vestimentas al agua

    ii. Desnudo lo hubieran visto acurrucarse hecho un ovillo
        sobre sí   tembloroso   con las manos cubriéndose el
        purular de sus heridas

    iii. Como un espíritu   lo hubieran ustedes visto cómo se
        abrazó a sí mismo   lívido   gimiente   mientras se le
        iba esfumando el color del cielo en sus ojos

Porque no eran esas las playas que encontraron sino el volcarse
de todas las llagas sobre ellos   blancas   dolidas   sobre sí
cayéndoles como una bendición que les fijara en sus pupilas

    iv. Porque hasta lo que nunca fue renació alborando por
        esas playas

    v. Ese era el resplandor de sus propias llagas abiertas en
        la costa

    vi. Ese era el relumbrar de todas las playas que recién allí
        le saludaron la lavada visión de sus ojos

Porque no eran esas las costas que encontraron sino sus propias
llagas extendiéndose hasta ser la playa donde todo Chile comenzó
a arrojar sus vestimentas al agua   radiantes   esplendorosos
lavando frente a otros los bastardos destinos que lloraron

THE BEACHES OF CHILE I

*Those weren't the Chilean fates they
wept   receding the entire beach was
becoming an open sore in his eyes*

*Those weren't the beaches they found but the clearing of the
sky   snow-white   before his eyes   as if they were detached
reflecting throughout Chile the open wounds they washed*

    i. *Bathed in tears he cast his vestments onto the water*

    ii. *You would have seen him naked curled up in a
        ball   shivering   with his hands covering his
        festering sores*

    iii. *Like a wraith   you would have seen how he clasped
         himself   livid   moaning   while the color of the sky
         evanesced in his eyes*

*Because it wasn't the beaches they found but the spilling of
all the sores   white   aching   upon them   covering them
like a blessing fixed in his pupils*

    iv. *Because even what had never been was reborn dawning
        on those beaches*

    v. *That was the shining of his own open sores on
        the coast*

    vi. *That was the sparkling of all the beaches that
        only then greeted the cleansed vision of his eyes*

*For it wasn't the coasts they found but his own wounds
stretching out until they were the beach where all
Chile   radiant   splendrous   began to cast their vestments onto
the water   washing before others the bastardly fates they wept*

LAS PLAYAS DE CHILE II

Miren las playas de Chile
Hasta el polvo se ilumina
en esos parajes de fiesta

i. Las playas de Chile son una fiesta en sus ojos

ii. Por eso hasta el polvo que los cubría se hacía luz
    en sus miradas   benditos   lavándose las mortajas

iii. Por eso la patria resplandecía levantándose desde el
     polvo como una irradiada en las playas de sus ojos
     relucientes   para que hasta los sepultos puedan ver
     la costa en que se festejaron cantando esos dichosos

THE BEACHES OF CHILE II

Behold the beaches of Chile
Even the dust lights up
on those festive sites

i. *The beaches of Chile are a feast for their eyes*

ii. *That's why even the dust covering them*
blessed   became light in their gaze   washing
their shrouds

iii. *That's why the country shone rising from the*
dust resplendent on the beaches of his gleaming
eyes   so that even the buried could see the
coast on which those joyous people sang in
celebration

LAS PLAYAS DE CHILE III

Veánlas mecidas bajo el viento:
Chile entero resurgía como una
línea de pasto en el horizonte

i. Chile entero resurgía como una línea de pasto por
el horizonte

ii. Por eso las playas parecían mecerse como espigas
frente a ellos   lejanas   esparciéndose en el aire

iii. En que ni sus sueños supieron del resurgir de toda
la patria donde nosotros somos apenas una línea de
pasto meciéndose en el horizonte   como espejismos
ante Usted   por estos aires besando la costa que
Chile entero esparció iluminada bajo el viento

THE BEACHES OF CHILE III

See them waving beneath the wind:
All Chile resurgent like a strip
of meadow on the horizon

i. *All Chile resurgent like a strip of meadow*
   along the horizon

ii. *And so the distant beaches seemed to sway*
    like spikes before them   scattering in the air

iii. *In which not even their dreams knew of the*
     resurgence of the entire country in which we are
     just a strip of meadow swaying on the horizon   like
     mirages before you   throughout these airs kissing the
     coast that all Chile dispersed glowing beneath the wind

LAS PLAYAS DE CHILE IV

Celestes clavaron esos cielos:
Usted era apenas el horizonte
en las playas de este calvario

i. Las playas de Chile fueron horizontes y calvarios:
   desnudo Usted mismo se iba haciendo un cielo sobre esas
   costas de nadie

ii. Por eso las cruces también se llamaron playas de Chile:
    remando esos botes se acercaron a ellas pero sin dejar
    estelas en el agua sino sólo el cielo que soñaron
    celeste   constelándose sobre esas miserias

iii. Por eso ni los pensamientos sombrearon las cruces de este
     calvario donde es Usted el cielo de Chile desplegándose
     sobre esas miserias   inmenso   constelado   en toda
     la patria clavándoles un celeste de horizonte en los ojos

THE BEACHES OF CHILE IV

Celestial they riveted those skies:
you were just the horizon on
the beaches of this calvary

i. *Chile's beaches were horizons and calvaries:*
naked even you were becoming a sky above those
abandoned coasts

ii. *That's why the crosses too were called Chile's beaches:*
rowing those boats they approached them without leaving
wakes in the water but only the sky they dreamt
celestial   sparkling over those miseries

iii. *That's why not even their thoughts cast shadows on the*
crosses of this calvary where you are Chile's sky
immense   spangled   unfurling over those miseries   in
the entire country riveting a celestial horizon to their eyes

LAS PLAYAS DE CHILE V

Chile no encontró un solo justo en
sus playas   apedreados   nadie pudo
lavarse las manos de estas heridas

Porque apedreados nadie encontró un solo justo en esas playas
sino las heridas maculadas de la patria   sombrías   llagadas
como si ellas mismas les cerraran con sus sombras los ojos

    i. Aferrado a las cuadernas se vio besándose a sí mismo

   ii. Nunca nadie escuchó ruego más ardiente que el de sus
       labios estrujándose contra sus brazos

  iii. Nunca alguien vio abismos más profundos que las marcas
       de sus propios dientes en los brazos   convulso   como
       si quisiera devorarse a sí mismo en esa desesperada

Porque apedreado Chile no encontró un solo justo en sus playas
sino las sombras de ellos mismos flotantes sobre el aire   de
muerte   como si en este mundo no hubiera nadie que los pudiera
revivir ante sus ojos

   iv. Pero sus heridas podrían ser el justo de las playas de
       Chile

    v. Nosotros seríamos entonces la playa que les alzó un justo
       desde sus heridas

   vi. Sólo allí todos los habitantes de Chile se habrían hecho
       uno hasta ser ellos el justo que golpearon   tumefactos
       esperándose en la playa

Donde apedreado Chile se vio a sí mismo recibirse como un justo
en sus playas para que nosotros fuésemos allí las piedras que al aire
lanzamos   enfermos   yacentes   limpiándonos las manos de las
heridas abiertas de mi patria

THE BEACHES OF CHILE V

*Chile did not find a single just person on
its beaches   battered   no one could
cleanse his hands of these wounds*

*Because battered nobody found on those beaches a single just person
but the country's tainted wounds   somber   festering   as if the
darkness of those very wounds had closed their eyes*

    i. He was seen clutching the timbers kissing himself

    *ii. No one ever heard a plea more ardent than
        that of his lips pressed against his arms*

    *iii. No one ever saw abysses deeper than the marks
        of his own teeth on his arms   convulsed   as
        if in his despair he wanted to devour himself*

*For battered Chile did not find a single just person on its
beaches but the shadows of themselves floating in the air   like
wraiths   as if there were no one in the world who could revive
them before his eyes*

    *iv. But the wounds could be the just person
        of the beaches of Chile*

    *v. We would then be the beach that raised them
        a just person from those wounds*

    *vi. There alone all Chile's inhabitants would have
        coupled until they became the just person they
        beat   swollen   awaited on the shore*

*Where battered Chile saw itself washed ashore like a just
person so that we   sick   prostrate   could be the stones
we threw in the air   cleansing our hands of my country's
open wounds*

Yo lo vi soltando los remos:

I saw him releasing the oars:

LAS ESPEJEANTES PLAYAS

   i. Las playas de Chile no fueron más que un apodo
      para las innombradas playas de Chile

  ii. Chile entero no fue más que un apodo frente a las
      costas que entonces se llamaron playas innombradas
      de Chile

 iii. Bautizados   hasta los sin nombres se hicieron allí
      un santoral sobre estas playas que recién entonces
      pudieron ser las innombradas costas de la patria

En que Chile no fue el nombre de las playas de Chile sino sólo
unos apodos mojando esas riberas para que incluso los roqueríos
fueran el bautizo que les llamó playa a nuestros hijos

  iv. Nuestros hijos fueron entonces un apodo rompiéndose
      entre los roqueríos

   v. Bautizados   ellos mismos fueron los santorales de
      estas costas

  vi. Todos los sin nombre fueron así los amorosos hijos
      de la patria

En que los hijos de Chile no fueron los amorosos hijos de Chile
sino un santoral revivido entre los roqueríos para que nombrados
ellos mismos fuesen allí el padre que les clamaron tantos hijos

  vii. Porque nosotros fuimos el padre que Chile nombró en
       los roqueríos

 viii. Chile fue allí el amor por el que clamaban en sus gritos

  ix. Entonces Chile entero fue el sueño que apodaron en la
      playa   aurado   esplendente   por todos estos vientos
      gritándoles la bautizada bendita que soñaron

THE SPARKLING BEACHES

i. *The beaches of Chile were only a nickname*
for the unnamed beaches of Chile

ii. *All Chile was only a nickname before the*
coasts that were then called the unnamed
beaches of Chile

iii. *Baptized   there even the nameless became a*
calendar of the saints above those beaches
that could only then be the unnamed coasts
of the country

In which Chile was not the name of the beaches of Chile but only
some nicknames washing those shores so that even the rookeries
could be the baptism that named our children beach

iv. *Our children were then a nickname breaking*
among the rookeries

v. *Baptized   they themselves were the calendars*
of these coasts

vi. *All the nameless were thus the beloved*
children of the country

In which the children of Chile were not the beloved children
of Chile but a calendar reborn among the rookeries so that named
they themselves could be the father that so many children
cried out for there

vii. *For we were the father that Chile named in*
the rookeries

viii. *Chile was there the love for which they clamored in their cries*

ix. *Then all Chile was the dream   golden*
resplendent   they nicknamed on the beach
shouting to all these winds the blessed baptism they dreamt

LAS PLAYAS DE CHILE VII

Muchos podrían haberlo llamado Utopía
porque sus habitantes viven solamente
de lo que comparten, de los trabajos
en las faenas de la pesca y del trueque.
Ellos habitan en cabañas de tablas a las
orillas del mar y más que con hombres
se relacionan con sus ánimas y santos que
guardan para calmar la furia de las olas.
Nadie habla, pero en esos días en que la
tormenta rompe, el silencio de sus caras
se hace más intenso que el ruido del mar
y no necesitan rezar en voz alta
porque es el universo entero su catedral

i. Solitarias   todas las playas de Chile se iban elevando como una
visión que les bañara las pupilas

ii. En que Chile fue el hijo lanzándonos un adiós desde esas playas y
nosotros el horizonte que lo despedía   eclipsado   clavándole los
ojos

iii. Y en que lejanas ya no hubo playas sino la solitaria visión donde
los muertos lanzaron el adiós que nos clavaba en sus miradas
renacidos   vivísimos   como corderos bajo el cielo emocionado
en que la patria llorando volvió a besar a sus hijos

THE BEACHES OF CHILE VII

Many would have called it Utopia
because its inhabitants live only
by sharing, by their fishing labors
and by bartering.
They dwell in wood shacks by the
seaside and more than to men they
relate to the spirits and saints
they keep to calm the fury of the waves.
No one speaks, but on those days when
the storm is unleashed, the silence
on their faces becomes more intense
than the sound of the sea and they
need not pray aloud
because the entire universe is their cathedral

i. Solitary   all the beaches of Chile were rising
like a vision that bathed their pupils

ii. In which Chile was the son waving us off from those
shores and we were the horizon   eclipsed   shouting
good-bye   staring into his eyes

iii. And in which remote there were no longer any beaches but
the solitary vision where the dead   reborn   intensely
alive   cried out the good-bye that fixed us to their
gaze   like lambs beneath the compassionate sky in
which the weeping country kissed its children again

LAS PLAYAS DE CHILE VIII

Señor, si tú hubieses conocido a mi padre
lo habrías amado igual que yo,
él se parecía en verdad a los ángeles
—esto, claro, si le pasas el plumero—
Lo hubieses querido y no porque escribiera
versos, sino porque sobre todo se podría
decir de él: fue un hombre.
No siempre siguió el camino correcto, pero
no fue más malo que otros y amó a esta
patria como el que más.
Jamás entró a una Iglesia, pero eso Señor
tú podrías entenderlo,
estas playas fueron el Santuario que quería.

i. Inmaculadas   esas eran las playas de Chile reflejándose contra
el cielo   a la amanecida   allí mismo   subiendo frente a ellos

ii. En que sus hijos fueron la marejada bañando estas costas y la
playa la lejana de estos cielos chilenos   inmensos   prendidos
allá mojándoles la prometida

iii. Donde Chile será finalmente el impresionante mar reflejándose
con el cielo para que sólo él les bañe la promesa cumplida que
aguardaron como un alba   mareándolos de alegría   por todas
partes tendiéndoles la costa en que padre e hijo se abrazaron

THE BEACHES OF CHILE VIII

Lord, if you had known my father
you would have loved him as I do,
he really looked like the angels—
that is, if you took a feather duster to him—
You would have loved him and not because
he wrote verses, but especially because it
could be said of him: he was a man.
He didn't always walk the straight and narrow,
but he was no worse than others and he loved
this country as much as anyone.
He never entered a Church,
but you would understand that, Lord,
these beaches were the Sanctuary he wanted.

i. *Immaculate   those were the beaches of Chile reflecting against*
   the sky   at dawn   right there   rising up before them

ii. *In which its children were the surf washing these coasts and*
   the beach the remoteness of these Chilean skies   immense
   aflame   bathing their betrothed for them there

iii. *Where Chile will finally be the impressive sea reflecting with*
    the sky so that only it will bathe the fulfilled promise they
    awaited like a dawning day   staggering them with joy   opening
    to them everywhere the coast on which father and child embraced

LAS PLAYAS DE CHILE IX

i. Todo Chile flameó como una bandera en las playas de Chile

ii. Por eso el cielo nunca fue el cielo sino sólo el azul ondeando en sus banderas

iii. Por eso las playas no fueron las rojas playas de Chile sino apenas un jirón sobre el viento   como harapos   por esos cielos flameando

Porque todas las banderas de Chile ondearon como un harapo sobre los colores que miraban hasta que desgarrados no hubo colores en sus banderas sino apenas un jirón cubriéndoles los cuerpos   aún vivos   entumidos   descolorándose en la playa

iv. Porque entumido Chile comenzó a pintarse desde esos jirones

v. Ellos fueron los colores con que se pintaron estas playas

vi. Como una bandera   esos mismos fueron al viento los humildes hijos de la patria

Porque levantadas como un jirón desde sí mismas todas las banderas se iban haciendo el color que pintaron en sus hijos   entumidos desarrapados   mirando la estrella solitaria con que Chile les anegó de luz sus pupilas

vii. La estrella no fue entonces sino la patria ondeando en sus entumidos

viii. Solitaria   hasta que Chile mismo fuera el cielo de Chile   constelado   cuajándose de estrellas

ix. Todos los cielos se habrían alzado entonces como la constelada que pidieron   al viento   en el universo entero flameándoles como una playa ante sus ojos

THE BEACHES OF CHILE IX

i. *All Chile waved like a flag on the beaches*
   of Chile

ii. *That's why the sky was never the sky but*
    only the blue waving in its flags

iii. *That's why the beaches were not Chile's*
     red beaches but only a rip in the wind
     shreds   waving throughout those skies

Because all Chile's flags waved like tatters above the colors
they contemplated until torn there were no colors in its flags but
only a rip covering their bodies   still alive   benumbed   turning
pale on the beach

iv. *Because benumbed Chile began to take on the*
    colors of those shreds

v. *They were the colors with which these beaches*
   were adorned

vi. *Like a flag   those were the country's humble*
    children waving in the wind

Because raised like shreds all the flags assumed the color painted
on the children   numb   tattered   contemplating the solitary star
with which Chile flooded their eyes

vii. *So that star was nothing but the country*
     waving in its benumbed

viii. *Solitary   until Chile itself became Chile's*
      sky   spangled   studding itself with stars

ix. *Then all the skies would have climbed like the*
    star they asked the wind for   in the entire
    universe waving like a beach before their eyes

LAS PLAYAS DE CHILE X

Yo lo vi soltando los remos acurrucarse
contra el fondo del bote   La playa aún
se espejeaba en la opaca luz de sus ojos

La playa aún se espejeaba en sus ojos pero apenas como un territorio
irreal opacándole la mirada   alargado   evanescente   en un nuevo
Chile mojándoles las costas que creyeron

   i. Hecho un ánima sintió como se le iban soltando los remos
     de las manos

   ii. Empapado   toda la vida se le fue desprendiendo como si
     ella misma fuera los remos que se le iban yendo de entre
     los dedos

   iii. Incluso su propio aliento le sonó ajeno mientras se dejaba
     caer de lado   suavemente   como un copo de nieve   contra
     las frágiles tablas que hasta allí lo llevaron

En que la playa nunca volvería a espejearse en sus ojos sino acaso el
relumbrar de un nuevo mundo que les fuera adhiriendo otra luz en sus
pupilas   empañadas   erráticas   alzándoles de frente el horizonte
que les arrasó de lágrimas la cara

   iv. Porque sólo allí la playa espejeó en sus ojos

   v. Recién entonces pudo sentir sobre sus mejillas el aire
     silbante de esas costas

   vi. Unicamente allí pudo llorar sin contenerse por esa playa
     que volvía a humedecerle la mirada

Porque la playa nunca se espejearía en sus ojos sino mejor en el
derramarse de todas las utopías como un llanto incontenible que se le
fuera desprendiendo del pecho   hirviente   desgarrado   despejando la
costa que Chile entero le vio adorarse en la iluminada de estos sueños

THE BEACHES OF CHILE X

I saw him huddled against the boat's deck
releasing the oars   The beach was still
mirrored in the opaque light of his eyes

The beach was still mirrored in his eyes but only like an unreal
territory   stretched out   evanescent   clouding his eyes   in
a new Chile bathing them with the coasts they believed in

   i. Like a spirit he sensed the oars dropping from his
       hands

   ii. Drenched   his whole life was letting go as if it
       were the oars slipping through his fingers

   iii. Even his own breath sounded strange to him as he let
       himself fall sideways   softly   like a snowflake
       against the fragile planks that had carried him so far

In which the beach would never again be mirrored in his eyes
except perhaps in the beaming of a new world fixing another light
to his pupils   blurred   erratic   raising before them the
horizon that covered his face with tears

   iv. Because there alone the beach was mirrored in
       his eyes

   v. Only then was he able to feel the whistling air
       of these coasts on his cheeks

   vi. Only there could he openly weep for that beach
       that moistened his gaze again

For the beach could never be better mirrored in his eyes than
in the spilling of all the utopias like an uncontrollable sob
seething   rending   heaved from his breast   clearing the
coast that all Chile saw him adore in the illumination of
these dreams

Todo Chile se iba blanqueando en sus pupilas:

All Chile was becoming white in his pupils:

LAS PLAYAS CONSTELADAS

Las playas de Chile son la Utopía
Jubiloso Usted nunca podría decir
si se le fue el alma en ese vuelo

i. Dichosos   ellos nunca podrían decir si se les fue el alma
en este vuelo

ii. Porque no fueron las playas la Utopía de Chile sino Usted
mismo era las costas que buscaron   enceguecidos   como
ánimas   palpándose entre ellos

iii. Donde ciegos cada vida palpó a tientas otra vida hasta que
ya no quedasen vidas sino sólo el vacío esplendiéndoles la
Utopía de entre los muertos   descarnados   tocándose   como
el aire ante nosotros

iv. Y en que borrachos de alegría ni yo ni Usted podríamos decir
si se nos había ido el alma entre esos muertos desde donde
emergiendo todo Chile palpó las Utopías como si ellas mismas
fueran las playas de nuestra vida   transfiguradas   albísimas
encumbrándonos la patria en la elevada dichosa de este vuelo

THE SPANGLED BEACHES

Chile's beaches are the Utopia
Joyous you could never tell
if your soul left you on that flight

i. *Happy   they could never tell if their souls left*
them on this flight

ii. *For the beaches were not the Utopia of Chile but you*
yourself were the coasts they sought   blinded   like
spirits   groping for one another

iii. *Where blind each life groped for another life until*
there were no longer lives but only the void beaming
the Utopia from among the dead   gaunt   touching
each other like the air before us

iv. *And in which reeling with joy neither you nor I could*
tell if our souls had gone off among the dead whence all
Chile emerged groping for the Utopias as if they themselves
were the beaches   transfigured   pure white   of our
lives   exalting our country in the lofty joy of this
flight

LAS PLAYAS DE CHILE XII

Blancas son las playas de Chile
Hasta sus súplicas se hacían sal
derramándose por esas lloradas

i. Esas playas no eran más que una huella de sal en sus mejillas

ii. Blanquecinas   en los rompeolas de Chile   esparciéndose como
una costa que vieran perderse entre sus súplicas

iii. Donde jamás tuvieron un solo Chile que soñar en las marejadas:
silenciosas   sus súplicas eran el sueño en la marejada   allá
adentro   marcándoles en otros aires el surco salado de estas
playas

iv. En que transfiguradas hasta las rocas escucharon el llorar de
este mundo y el otro haciéndose una súplica en la marejada y
donde es Chile entero el que se viene remando hacia sus playas
albas   frente a nosotros   como un manto de sal blanqueándonos
las soñadas costas de este horizonte

THE BEACHES OF CHILE XII

The beaches of Chile are white
Even their prayers became salt
pouring from those tears

   i. Those beaches were just a streak of salt on their cheeks

   ii. Whitened   in the jetties of Chile   stretching out like
   a coast they could see fading off to their prayers

 iii. Where they never had even one Chile to dream of in the
   surf: silent   their prayers were the dream in the surf
   way out   plowing in other airs the salty furrow of these
   beaches

  iv. Where transfigured even the rocks listened to the weeping
   of this world and the other becoming a prayer in the surf
   where all Chile comes rowing toward its white beaches   in
   front of us   like a mantle of salt washing the dreamed
   coasts of this horizon

LAS PLAYAS DE CHILE XIII

No lloren estas playas perdidas
Tempestuosa la borrasca no podía
apagar la dulzura de sus miradas

   i. Como una salva   desprendidas se desplegaron las playas de
Chile

  ii. Rajadas de norte a sur   como si el cielo mismo estallase
separándose del horizonte

 iii. Donde por todo el ancho del horizonte la propia vida se les
fue desprendiendo frente a sus ojos   límpida   como una
playa   perfilándose entre la borrasca

 iv. Y donde desprendidas todas las playas estallaron en una
última paz enceguecióndoles los ojos para que incluso esta
patria no fuese sino un camino que remaron en sus vidas
tempestuosos   como una borrasca   mirando Chile entero
evanescerse en la dulzura infinita de estas costas

THE BEACHES OF CHILE XIII

Do not weep these lost beaches
Tempestuous the storm could not
erase the sweetness of their gaze

i. *Like a salute   detached the beaches of Chile were*
displayed

ii. *Cloven from north to south   as if the bursting sky*
itself broke away from the horizon

iii. *Where along the entire span of the horizon their own*
lives   limpid   like a beach   profiled amidst the
storm   were breaking away before their eyes

iv. *And where broken away all the beaches burst in a*
lasting peace blinding their eyes so that even this
country would be but a stretch they rowed in their
lives   tempestuous   like a storm   seeing all Chile
evanesce in the infinite sweetness of these coasts

LAS PLAYAS DE CHILE XIV

Radiante miró el fulgurar de la playa ante
sus ojos   como sueños   hasta las piedras
se iban borrando en ese océano de lágrimas

Todo Chile se iba borrando en este océano de lágrimas hasta quedar
apenas un jirón doloroso bañado por la costa   verde   empapado
como si una maldición lo volara sacándole el aura de los ojos

    i. Todo Chile se iba blanqueando en sus pupilas

   ii. Por eso las lágrimas se le iban sumando hasta ser ellas
      el verdor imaginario de la patria

  iii. Por eso incluso los suspiros se hacían colores frente
      al verde borrado de Chile   aurático   inexistente   que
      la misma luz les iba dejando en la mirada

Porque todas las lágrimas de Chile se iban sumando hasta tragarse los
verdes valles que pintaron   dolidos   inventándose una playa donde
recogerse en júbilo los despojos

   iv. Toda la patria fue entonces la resurrección pintándose en
      sus despojos.

    v. Por eso hasta los cerros saltaban de gozo con el clamor de
      la patria

   vi. Por eso Chile entero reverdecía mientras le manaban mojándolo
      las lágrimas   como manchas de pintura   en todos estos aires
      expandiendo los valles que cubrían sus gemidos

En que la patria borrada fue renaciendo como una playa que les hacía
luz de sus despojos y donde resurrectas hasta las piedras de Chile
se alzaron gritando de dicha   delirantes   maravilladas   mirando todo
el universo saludar la revivida que les vestía de fiesta los ojos

THE BEACHES OF CHILE XIV

Radiant he saw the beach flashing before
his eyes   as in a dream   even the stones
were wearing away in that ocean of tears

All Chile was wearing away in this ocean of tears until nothing
was left but a painful shred   green   drenched   bathed by the
coast   as if a curse had seized him and snatched the aura from his eyes

   i. *All Chile was becoming white in his pupils*

  ii. *That's why his tears kept swelling until they*
     were the country's imaginary green

 iii. *That's why even his sighs became colors before*
     the faded green of Chile   auratic   nonexistent
     that the light itself reflected in his gaze

Because all Chile's tears kept swelling until they engulfed
the green valleys they painted   bereaved   creating a beach
where the mortal remains could be sheltered with joy

  iv. *Then the entire country was the resurrection*
     painting itself on its mortal remains

   v. *That's why even the hills jumped for joy*
     over the country's clamor

  vi. *That's why all Chile turned green while his*
     streaming tears soaked him   like spattered
     paint   in all these airs widening the valleys
     that covered his cries

In which the worn country was being reborn like a beach that
transformed its mortal remains to light and where resurrected
even Chile's stones rose up shouting with joy   delirious
stunned   seeing the entire universe greet the revived
country that was a feast for their eyes

LAS UTOPIAS

i. Todo el desierto pudo ser Notre-Dame pero fue el desierto de Chile

ii. Todas las playas pudieron ser Chartres pero sólo fueron las playas de Chile

iii. Chile entero pudo ser Nuestra Señora de Santiago pero áridos estos paisajes no fueron sino los evanescentes paisajes chilenos

Donde los habitantes de Chile pudieron no ser los habitantes de Chile sino un Ruego que les fuera ascendiendo hasta copar el cielo que miraron   dulces   ruborosos   transparentándose como si nadie los hubiera fijado en sus miradas

iv. Porque el cielo pudo no ser el cielo sino ellos mismos   celestes   cubriendo como si nada los áridos paisajes que veían

v. Esos habrían sido así los dulces habitantes de Chile silenciosos   agachados   poblándose a sí mismos sobre las capillas de su Ruego

vi. Ellos mismos podrían haber sido entonces las pobladas capillas de Chile

Donde Chile pudo no ser el paisaje de Chile pero sí el cielo azul que miraron y los paisajes habrían sido entonces un Ruego sin fin que se les escapa de los labios   largo   como un soplo   de toda la patria haciendo un amor que les poblara las alturas

vii. Chile será entonces un amor poblándonos las alturas

viii. Hasta los ciegos verán allí el jubiloso ascender de su Ruego

ix. Silenciosos   todos veremos entonces el firmamento entero levantarse   límpido   iluminado   como una playa tendiéndonos el amor constelado de la patria

THE UTOPIAS

   i. The whole desert could have been Notre Dame but
      it was the desert of Chile

  ii. All the beaches could have been Chartres but
      they were just the beaches of Chile

 iii. All Chile could have been Our Lady of Santiago
      but arid these landscapes were nothing but
      the evanescent Chilean landscapes

Where Chile's inhabitants could have been not Chile's inhabitants
but a Prayer rising from them until it crowned the sky they looked
at   benignly   trustingly   with the transparency of those unaware
they're being watched

  iv. For the sky could have been not the sky but they
      themselves   celestial   effortlessly covering the
      barren landscapes they beheld

   v. So that's how Chile's sweet inhabitants would have
      been   silent   bowed   packing themselves in over
      the chapels of their Prayer

  vi. Then they themselves could have been the packed
      chapels of Chile

Where Chile could be not Chile's landscape but really the blue
sky they beheld and then the landscapes would have been an
endless Prayer   long   like a soft breeze   escaping their
lips   throughout the entire country making a love that could
fill the heights for them

  vii. Chile will then be a love filling the heights for us

 viii. There even the blind will see the jubilant
      ascent of their Prayer

  ix. Silent   we shall all then see the entire firmament
      rise up   limpid   illuminated   like a beach
      holding forth the country's star-spangled love

Y VOLVIMOS A VER LAS ESTRELLAS

Acurrucados unos junto a otros contra el fondo del bote
de pronto me pareció que la tempestad, la noche y yo éramos sólo uno
y que sobreviviríamos
porque es el Universo entero el que sobrevive
Sólo fue un instante, porque luego la tormenta nuevamente
estalló en mi cabeza y el miedo creció
hasta que del otro mundo me esfumaron el alma
Sólo fue un raro instante, pero aunque se me fuese la vida
¡Yo nunca me olvidaría de él!

AND WE SAW THE STARS AGAIN

Huddled together at the bottom of the boat
I was suddenly struck that the storm, the night, and I were just one,
and that we'd survive
because it's the entire Universe that survives
It was only an instant, because then the storm in my head
was unleashed again and fear welled up
until they summoned my soul from the other world
It was just a rare instant, but even if my life were to leave me
I could never forget it!

Barridos de luz   los pies de esa muchedumbre
apenas parecían rozar este suelo

(Esplendor en el Viento, pág. 222)

**Swept by light   the feet of that multitude seemed
only to skim this ground**

("Splendor in the Wind," p. 223)

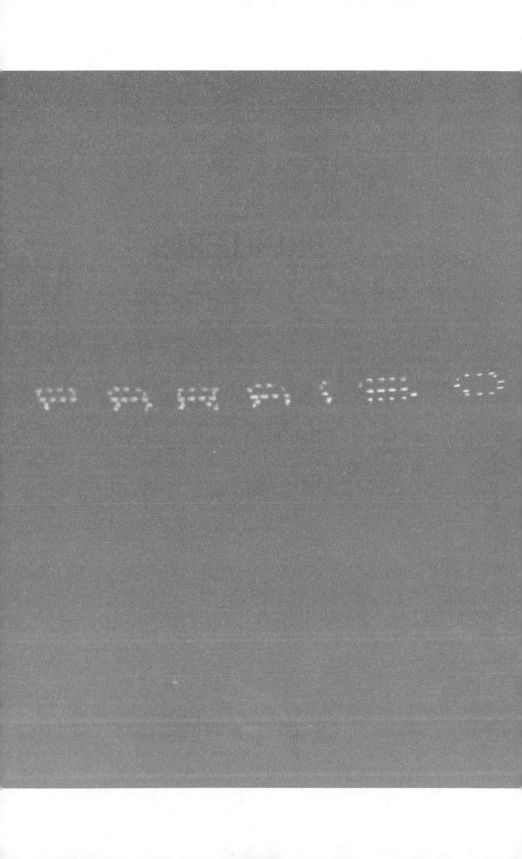

CORDILLERAS

CORDILLERAS

ALLA LEJOS

FAR AWAY

/CI/

Se hacía tarde ya cuando tomándome un hombro
me ordenó:
"Anda y mátame a tu hijo"
Vamos—le repuse sonriendo—¿me estás tomando
el pelo acaso?
"Bueno, si no quieres hacerlo es asunto tuyo,
pero recuerda quién soy, así que después no
te quejes"
Conforme—me escuché contestarle—¿y dónde
quieres que cometa ese asesinato?
Entonces, como si fuera el aullido del viento
quien hablase, El dijo:
"Lejos, en esas perdidas cordilleras de Chile"

CI

It was already getting late when he took me
by the shoulder and commanded me:
"Go and kill your son for me"
"Come on," I replied smiling, "are you by any
chance pulling my leg?"
"Well, if you don't want to do it that's your
business, but remember who I am, and don't
complain afterwards"
"Okay," I heard myself answer him, "and where
do you want me to commit that assassination?"
Then, as though it were the howling wind that
spoke, He said:
"Far away, in the remote cordilleras of Chile"

/CII/

Con la cara ensangrentada llamé a su puerta:
Podría ayudarme—le dije—tengo unos amigos
afuera
"Márchate de aquí—me contestó—antes de que
te eche a patadas"
Vamos—le observé—usted sabe que también
rechazaron a Jesús.
"Tú no eres El—me respondió—ándate o te
rompo la crisma. Yo no soy tu padre"
Por favor—le insistí—los tipos que están
afuera son hijos suyos . . .
"De acuerdo—contestó suavizándose—llévalos
a la tierra prometida"
Bien: ¿pero dónde queda ese sitio?—pregunté—
Entonces, como si fuera una estrella la que
lo dijese, me respondió:
"Lejos, en esas perdidas cordilleras de Chile"

CII

With my face bloodied I knocked on his door:
"You could help me," I said, "I've got some
friends outside"
"Get out of here," he answered, "before I
kick you out"
"Come on," I rejoined, "you know that they
denied Jesus too."
"You are not He," he replied, "get out or
I'll bust your face in. I'm not your father"
"Please," I insisted, "the guys outside are
your children . . ."
"So they are," he answered more gently,
"take them to the promised land"
"Fine: but where is that place?" I asked
Then, as though it were a star that spoke,
he replied:
"Far away, in the remote cordilleras of Chile"

/CIII/

Despertado de pronto en sueños lo oí tras la
noche
"Oye Zurita—me dijo—toma a tu mujer y a tu
hijo y te largas de inmediato"
No macanees—le repuse—déjame dormir en paz,
soñaba con unas montañas que marchan . . .
"Olvida esas estupideces y apúrate—me urgió—
no vas a creer que tienes todo el tiempo del
mundo. El Duce se está acercando"
Escúchame—contesté—recuerda que hace mucho
ya que me tienes a la sombra, no intentarás
repetirme el cuento. Yo no soy José.
"Sigue la carretera y no discutas. Muy pronto
sabrás la verdad"
Está bien—le repliqué casi llorando—¿y dónde
podrá ella alumbrar tranquila?
Entonces, como si fuera la misma Cruz la que se
iluminase, El contestó:
"Lejos, en esas perdidas cordilleras de Chile"

CIII

Awakened suddenly from my dreams I heard him behind
the night
"Hey Zurita," he said, "take your wife and kid and
get out of here fast"
"Don't hand me that line," I replied, "let me sleep
in peace—I was dreaming about some marching mountains . . ."
"Forget that nonsense and hurry it up," he insisted,
"don't think you've got all the time in the world.
The Duce's approaching"
"Listen," I answered, "remember that you've kept me in
the dark for a long time, you're not going to try
to repeat that story on me. I'm not Joseph."
"Hit the road and don't argue. Soon enough you'll
know the truth"
"Fine," I replied on the verge of tears, "and where
will it kindle tranquilly?"
Then, as though it were the Cross itself that shone,
He answered:
"Far away, in the remote cordilleras of Chile"

CUMBRES DE LOS ANDES

PEAKS OF THE ANDES

LA MARCHA DE LAS CORDILLERAS

i. Y allí comenzaron a moverse las montañas

ii. Estremecidas y blancas   ah sí blancas son las heladas
cumbres de los Andes

iii. Desligándose unas de otras igual que heridas que se
fueran abriendo   poco a poco   hasta que ni la nieve
las curara

iv. Y entonces   erguidas   como si un pensamiento las
moviese   desde los mismos nevados   desde las mismas
piedras   desde los mismos vacíos   comenzaron su
marcha sin ley las impresionantes cordilleras de Chile

THE MARCH OF THE CORDILLERAS

i. *And there the mountains began to move*

ii. *Shivering and white   ah yes white the*
freezing peaks of the Andes

iii. *Separating from one another like wounds*
opening   little by little   until not even
the snow could heal them

iv. *And then   standing high   as if a thought had moved*
them   from the same snowy ranges   from the same
stones   from the very same voids   Chile's imposing
cordilleras began their lawless march

CORDILLERAS II

Blanco es el espíritu de las nevadas
Blanca es el alba tras los vientos
Pero mucho, mucho más blancas, son
las demenciales montañas, acercándose

i. Blancas son las marejadas de los Andes   allá   como oleadas
que vinieran

ii. Desde los horizontes del viento y la nieve   desbordándose
hasta que ni el mar las parara

iii. Y entonces   como si jamás hubieran sido   como si jamás se
hubieran quedado   como si los mismos cielos las llamaran
todos pudieron ver al azul del océano tras la cordillera
tumultuoso   americano   por estas praderas marchando

CORDILLERAS II

White the spirit of the snowfalls
White the dawn behind the winds
But much, much whiter are
the demented mountains, approaching

i. White the Andean seaswells   yonder   like the waves
surging in

ii. From the horizons of wind and snow   overflowing
until not even the sea could stop them

iii. And then   as if they had never been   as if they had
never remained   as if the skies themselves had summoned
them   all could see the ocean blue   tumultuous
American   behind the cordillera   marching through
these meadows

CORDILLERAS III

Ah si alguien llegara a saber
por qué vinieron las montañas

(canción aymará)

i. Nadie fue a las montañas   mentira   son las montañas
las que marchan

ii. Recortadas frente a Santiago   como murallas blancas
acercándose   inmensas   dolorosas   heladas

iii. Detrás de la cordillera de los Andes empujándose unas
contra otras igual que murallones que de puro miedo
se cerraran: Tenemos miedo se decían las montañas
de la locura   detrás de la cordillera   acercándose

CORDILLERAS III

Ah if one could only know
why the mountains came

(Aymará song)

   i. No one went to the mountains   a lie   the mountains
     are the ones on the march

  ii. Standing out in front of Santiago   like white walls
     approaching   immense   painful   freezing

 iii. Behind the Andean cordillera pushing against one
     another like ramparts come together out of sheer
     fright: We are afraid said the mountains of
     madness   behind the cordillera   approaching

CORDILLERAS IV

El frío es el alba de las perdidas
amanecían gritando estos paisajes

i. Estamos enfermas   gritaban las cordilleras congelándose en
   sus alturas

ii. Estamos muy enfermas respondían las llanuras de la pradera
    central   traspasadas de frío   como contestándoles a ellas

iii. Pero sabían que es el frío el maldito de las cordilleras y
     que nada más que por eso se hubo de yacer junto a los Andes
     hasta que la muerte nos helara con ellos   desangrados en
     vida   frente al alba   sólo para que revivan los paisajes

CORDILLERAS IV

Cold is the dawn of the lost
awakened these landscapes shouting

   i. *We are ill   cried out the cordilleras freezing*
       in their heights

  ii. *We are very ill replied the prairies of the central*
       valley   pierced by the cold   as if in answer to them

 iii. *But they knew that cold is the curse of the cordilleras and*
       for that reason alone one had to lie next to the Andes
       until death froze us with them   bloodless in life   facing
       the dawn   just so the landscapes might live again

CORDILLERAS V

Blancas son también las voces de los
que se fueron
Sí, blanco es el destino que se van
tragando estas montañas

(texto quiché)

i. De locura es el cielo de los nevados   gemían marchando
esas voladas

ii. Imponentes   albísimas   sin dejar piedra ni pasto hasta
que todo fuera su blancura

iii. Pero no   ni borrachos creyeron que la locura era igual
que los Andes y la muerte un cordillerío blanco frente a
Santiago y que entonces desde toda la patria partirían
extraños   como una nevada   persiguiéndoles la marcha

CORDILLERAS V

White too are the voices of
the departed
Yes, white is the fate these
mountains go on devouring

(Quiché text)

i. *Deranged is the sky of the snowy summits   groaned the*
demented mountains on the march

ii. *Imposing   blinding white   sparing neither stone nor meadow*
until everything assumed their whiteness

iii. *But no   not even drunkards believed that madness was like*
the Andes and death a white clustering of cordilleras
facing Santiago and that aliens from the entire country would
then go forth   like a snowstorm   obstructing their march

CORDILLERAS VI

Cuando alguien muere, entonces
se despiertan las cordilleras

(a.c.)

Pero los nevados igual se iban
nosotros somos ésos—reclamamos
colocándonos en el horizonte

i. Como los muertos esos nevados se van perdiendo en la lejanía

ii. Frente a ellos los Andes también se habían marchado pero sus
aullidos todavía se escuchan sobre la nieve

iii. Hasta que ya nada quedase   reclamándonos la huida como si
nosotros fuésemos esas blancuras que se marchan   empaladas
aullando cielo afuera

iv. Pero alguien creyó que si los Andes se marchaban todos nos
iríamos alzando en el horizonte igual que blancuras que los
mismos muertos copiaran: Somos los muertos que caminan
les aullaban a Chile los nevados   cediéndonos su sitio

CORDILLERAS VI

When someone dies, then
the cordilleras awaken

(a.c.)

But the snowy summits left too
"we are they" we protested
taking our place on the horizon

i. *Like the dead those snowy summits are becoming lost in the*
   distance

ii. *In front of them the Andes too had left but their howls*
    can still be heard above the snow

iii. *Until nothing remained   protesting the flight as if we were*
     the fleeing white expanses   impaled   howling throughout
     the sky

iv. *But someone believed that if the Andes left we would all*
    rise up on the horizon like white expanses which even the
    dead would imitate: We are the walking dead howled the
    snowy summits to Chile   surrendering their place to us

ALLA ESTUVIERON LOS NEVADOS

Chao idiota Zurita—alcanzó a
gritarme—
en el otro mundo nos veremos

(g.m.)

También ellos se marchaban:
Somos las montañas que caminan
decían
devolviéndose por esas nevadas

i. Empinados en su blancura   caminando con la nieve   los paisajes muertos de Chile

ii. Las cordilleras de Chile   gimiendo monte adentro   como animales perdidos

iii. Tras los paisajes muertos de Chile tapándolo todo igual que bestias que cubrieran los valles   muertas de frío empinándose tras los cerros

iv. Despidiendo la fuga de los paisajes vivos y muertos de Chile hasta los blanqueríos donde nos empinábamos los rebaños de la cordillera   helados y blancos   en la nevisca devolviéndonos de esas largas marchas perdidas

THERE WERE THE SNOWY SUMMITS

"Ciao idiot Zurita" he mananged
to shout to me
"I'll see you in the other world"

(g.m.)

They too were on the march
We're the walking mountains
they said
returning through the falling snow

i. *Towering in their whiteness   walking with the snow   the dead*
   landscapes of Chile

ii. *The cordilleras of Chile   wailing in the backlands   like*
   stray animals

iii. *Behind the dead landscapes of Chile filling it completely*
   like frozen beasts covering the valleys   towering behind
   the hills

iv. *Saying good-bye to the living and dead landscapes of Chile*
   fleeing to the white expanses where we the flocks of the
   cordilleras towered high   frozen and white   in the sleet
   returning from those long lost marches

LAS CORDILLERAS DEL DUCE

Frente a la cordillera de los Andes
desde el oeste   como la noche
Las cordilleras del Duce avanzando

  i. No son blancas las cordilleras del Duce

 ii. La nieve no alcanza a cubrir esas montañas del oeste

Detenidas   frente a la cordillera de los Andes   aguardando
como un cordón negro que esperara la subida final de todas
ellas   allá en el oeste   solas   agrupándose tras la noche

iii. Porque frente a los Andes se iban agrupando como la
     noche del oeste

 iv. Por eso la nieve no cubre las cordilleras del Duce
     Sus cumbres son la noche de las montañas

Ciñéndose de negro frente a las nieves de Chile como si los
nevados no fueran otra cosa que espinas hiriendo la noche y
ellas pusieran entonces la corona sangrante de los Andes

  v. Por eso de sangre fue la nieve que coronó las cumbres
     andinas

 vi. Porque sólo la muerte fue la corona que ciñó de sangre
     el horizonte

vii. Y entonces   ya coronados   todos vieron las cordilleras
     del Duce ceñirse sobre Chile   sangrantes   despejadas
     como una bandera negra envolviéndonos desde el poniente

THE DUCE'S CORDILLERAS

Facing the Andean cordillera
from the west   like night
The Duce's cordilleras advance

i. *The Duce's cordilleras are not white*

ii. *The snow cannot cover those mountains to the west*

*Halted   in front of the Andean cordillera   awaiting
their final ascent like a black cordon   there to the west
alone   forming up behind the night*

iii. *Because they were forming up in front of the Andes
like night to the west*

iv. *That's why the snow does not cover the Duce's
cordilleras   His peaks are the mountains' night*

*Girding themselves with black in front of Chile's snows as if
the snow-covered peaks were nothing but thorns wounding the
night and then they donned the Andes' bloody crown*

v. *That's why blood was the snow that crowned
the Andean peaks*

vi. *Because death alone was the crown that
encircled the horizon with blood*

vii. *And then   now crowned   all saw the Duce's
cordilleras   bloody   unconstrained   like a
black flag enveloping us from the west*

LAS CORDILLERAS DEL DUCE

Desde el poniente de esta patria
donde sólo el cielo se levanta
las cordilleras del Duce avanzando

i. No se alzan en el este las cordilleras del Duce

ii. Como la noche   nadie es la nieve en esas montañas

Nadie es la nieve sobre las cordilleras del Duce sino sólo el
cielo ribeteando el perfil de las cumbres   allá en el poniente
donde sólo el aire se levanta   imponiéndonos sus montañas

iii. Por eso sólo el cielo parece desplazar las cordilleras
del poniente

iv. Por eso nadie es la nieve cubriendo la avanzada de esas
montañas   opacas   solidificándose en el aire

Avanzando desde el oeste como si ellas mismas fueran el cielo
que desplazaban y el cielo esos montones sólidos del poniente
oscuros   trazando en el horizonte el rostro de esas cumbres

v. Pero nadie es el rostro de las cordilleras del oeste

vi. Por eso los cielos se desplazaban cediéndoles un rostro
a esas montañas

vii. Y entonces   dibujados   todos pudieron ver las cordilleras
del Duce ocupar el cielo que moría   oscurecidas   eternas
como un rostro de muerte levantándose sobre las nieves

THE DUCE'S CORDILLERAS

From the west of this country
where only the sky rises
The Duce's cordilleras advance

   i. The Duce's cordilleras do not rise in the east

   ii. Like night   no one is the snow in those mountains

No one is the snow on the Duce's cordilleras but just the sky
trimming the profile of the peaks   there to the west   where
only the air rises   imposing those mountains on us

   iii. That's why only the sky seems to displace the western
      cordilleras

   iv. That's why no one is the snow blanketing the advance
      of those mountains   opaque   becoming hard in the air

Advancing from the west as if they themselves were the sky they
displaced and the sky those solid masses   dark   to the
west   sketching on the horizon the face of those peaks

   v. But no one is the face of the western cordilleras

   vi. That's why the skies displaced themselves
      surrendering a face to those mountains

   vii. And then   sketched   all could see the Duce's
      cordilleras   dark   eternal   occupying the moribund
      sky like a death's-head rising above the snows

LAS CORDILLERAS DEL DUCE

Detrás de las costas del Pacífico
negras   absolutas
Las cordilleras del Duce avanzando

i. Nada es los Andes para las cordilleras del Duce

ii. Más altas pero el viento no amontona nieve sobre ellas

Abruptas   detrás de las costas del Pacífico   igual que olas
que irrumpieran imponiendo la estatura final de sus montañas
ávidas   borrascosas   encrespando los horizontes del oeste

iii. Porque la muerte era la nieve que encrespaba los
     horizontes del oeste

iv. Por eso los muertos subían el nivel de las aguas
    amontonados   como si se esponjaran sobre ellos

v. Sólo por eso se levantan desde el otro lado frente
   a los Andes   subidas   empalando el horizonte

Elevándose de su estatura hechas montañas de lágrimas que
encresparan las mejillas de los muertos y todos esos muertos
nos impusieran entonces la subida final de estas aguas

vi. Por eso sus mejillas son la nieve para las cordilleras
    del Duce

vii. Igual que nosotros amontonados bajo ellas   deshechos
     subiendo la estatura final de las montañas

viii. Y entonces   unos sobre otros   todos alcanzamos a ver
      las cordilleras del Duce desprenderse de entre los
      muertos   enormes   absolutas   dominando el horizonte

THE DUCE'S CORDILLERAS

Behind the Pacific coasts
black   absolute
The Duce's cordilleras advance

i. Nothing is the Andes for the Duce's cordilleras

ii. Higher but the wind does not drift snow upon them

*Abrupt   behind the Pacific coasts   like bursting waves imposing
the ultimate height of those mountains   insatiable   turbulent
churning the horizons to the west*

*iii. Because death was the snow that churned the horizons
to the west*

*iv. That's why the dead   stacked high   raised the level
of the waters that absorbed them like a sponge*

*v. For that reason alone they arise from the other side
facing the Andes   swollen   impaling the horizon*

*Welling up until they turned to mountains of tears that churned
the cheeks of the dead and all those dead then imposed the
final ascent of these waters on us*

*vi. That's why their cheeks are snow for the Duce's
cordilleras*

*vii. The same as us   undone   stacked up beneath them
raising the ultimate height of the mountains*

*viii. And then   one on top of another   we all managed to
see the Duce's enormous cordilleras   absolute
dominating the horizon   break away from the dead*

LOS HOYOS DEL CIELO

Taponeándose con los dedos las heridas
vio 24 veces la cara de Santa Teresa
sobre las 24 cumbres de los Andes
Bendíceme mujer—alcanzó a
decirle—que ya por mí se están abriendo
los blancos hoyos del cielo

i. Mirad así las huecas cordilleras   los Andes   son hoyos del
horizonte

ii. Más allá de los rojos cielos de la pradera   más allá   sí más allá
de las horribles nieves

iii. Donde se detienen las montañas y se hace más blanco el horizonte
blanco es el viento detenido de la nevada   ah sí blancos son los
hoyos del cielo

iv. Empujándonos hacia esas praderas blancas donde todos los paisajes
se pegan   es el caleidoscopio de Chile   se decían riendo sin
ver los hoyos del cielo: Es la cordillera de los Andes que se
chupa   apuntaban los nichos   abriéndose desde el horizonte

THE SKY-HOLES

Stopping his wounds with his fingers
he saw Saint Theresa's face 24 times
above the 24 peaks of the Andes
"Bless me woman" he managed to
tell her "because the sky's white
holes are now opening for me"

i. *So behold the hollow cordilleras   the Andes   they're*
   the holes of the horizon

ii. *Beyond the meadowland's red skies   beyond   yes*
    beyond the horrible snows

iii. *Where the mountains come to a halt and the horizon*
     becomes whiter   white the halting wind of the
     falling snow   ah yes white the sky-holes

iv. *Pushing us toward those white meadowlands where all*
    the landscapes are joined   it's Chile's kaleidoscope
    they said laughing to one another without seeing the
    sky-holes: It's the Andean cordillera swallowing
    itself   prompted the niches   opening from the horizon

LOS HOYOS DEL CIELO II

Y entonces fueron hechas las blancas
montañas

(Gen 2,1)

Ella trató de defenderse pues tuvo
miedo diciendo "Yo no me he reído"
Pero El le dijo: "Sí, te reíste"

(Gen 18,15)

i. Y así empezaron a desplegarse las invertidas cordilleras
vacías   trastocándose en el aire

ii. Creciendo hasta ser el cielo que las cubría   escondidas
riéndose de nosotros

iii. Tendiendo las huecas cordilleras de Chile como si nunca
hubieran sido otras las montañas que se traspusieron bajo
el cielo   todas de nieve   lejanas y heladas: Vengan a
buscarnos nos decían las invertidas montañas   riéndose

THE SKY-HOLES II

Thus the white mountains
were finished

(Gen. 2.1)

She denied, saying, I laughed not,
for she was afraid   And he said,
Nay; but thou didst laugh

(Gen. 18.15)

i. *And so the inverted cordilleras began to deploy   empty*
turning upside down in the air

ii. *Growing until they became the sky that covered*
them   hidden   laughing at us

iii. *Stretching out Chile's hollow cordilleras as if the*
mountains transposed beneath the sky had never been
otherwise   all made of snow   distant and freezing:
Come seek us said the inverted mountains   laughing

LOS HOYOS DEL CIELO III

A manchones azules frente al alba
las cumbres invertidas
y en cada uno de esos vacíos
el rostro asomado de tu madre
gritándole a Dios que te perdone

i. Al alba   vaciadas contra el cielo azul   las montañas
   invertidas

ii. Al revés de los Andes   gritonas y huecas   tragándose
    a esas otras

iii. Burlándose como cuando se alzan ellas las montañas vacías
     frente a Santiago y más allá el cielo que se va hundiendo
     contra sus nieves   muertas y en pena   gritando por todo
     este mundo que están cerca y tienen frío las cordilleras

THE SKY-HOLES III

In big blue patches facing
the dawn   the inverted peaks
and in each of those voids
your mother's face leans out
shouting to God to forgive you

   i. *At dawn   emptied agaisnt the blue sky   the*
    inverted mountains

  ii. *Upside down from the Andes   clamorous and*
    hollow   swallowing those cordilleras

 iii. *Poking fun as when they lift the empty mountains*
    facing Santiago and beyond is the sky sinking
    against their snows   dead and in purgatory   shouting
    throughout this world that they are near and the
    cordilleras are cold

LOS HOYOS DEL CIELO IV

Despejándose la nieve de los ojos
vi a Miguel Angel
a duras penas tambaleándose
sobre los andamios de los Andes
Olvida eso—le dije—todos éstos
ya están condenados
No me interrumpas—me contestó—
que también estamparé tu rostro
en las invertidas cumbres del cielo

  i. El horizonte está de luto   gritaban las invertidas cumbres
     agujereando estos cielos

 ii. Somos la poza de Chile   respondían las alturas de los
     Andes desde sus nieves más heladas   heladas son las
     cumbres del cielo   heladas son las invertidas montañas

iii. Helados son los cuerpos de los muertos al alba   gritan las
     cumbres congeladas del cielo hundiéndose contra los Andes
     Heladas son las nieves   helado es el cielo en el alba
     replican las montañas   tras las pozas de Chile   muriendo

THE SKY-HOLES IV

Clearing the snow from his eyes
I saw Michelangelo
struggling to keep his balance
on the Andean scaffolds
"Forget it" I said "they're
already all condemned"
"Don't interrupt me" he replied
"because I'm also printing your face
on the inverted peaks of the sky"

  i. *The horizon's in mourning   cried the inverted peaks*
    piercing these skies

 ii. *We're the snow-pit of Chile   replied the heights of*
    the Andes from their coldest snows   freezing are the
    peaks of the sky   freezing the inverted mountains

iii. *Freezing are the bodies of the dead at dawn   shout*
    the frozen peaks of the sky sinking against the Andes
    Freezing are the snows   freezing the dawning sky rejoin
    the mountains   behind the snow-pits of Chile   dying

LOS HOYOS DEL CIELO V

Y despidiéndose desaparecieron tragados
por la cima de la montaña

(POPOL VUH)

Igual que una polvareda fue la creación
cuando surgieron como cangrejos,
levantándose del agua las altas cumbres

(POPOL VUH)

i. Aprended de las invertidas cordilleras   los Andes   sólo
   fueron pasto para ellas

ii. Sin dios ni ley   como si desde el albor del tiempo las
    nieves eternas las empujaran   sedientas   insaciables
    despiadadas

iii. Aprended entonces de las insaciables cordilleras empujadas
     desde el albor del tiempo   roídas de años   templadas en las
     nieves eternas   aprendan que no se salvarán de la sed de las
     montañas   aprendan   aprendan a ser sólo pasto para ellas

THE SKY-HOLES V

And saying good-bye they disappeared
swallowed by the mountaintop

(POPOL VUH)

The creation was like a cloud of
dust when the high peaks rose
from the water like surging crabs

(POPOL VUH)

i. *Learn from the inverted cordilleras   the Andes*
were just fodder for them

ii. *Godless and lawless   as if from the dawning of time*
the eternal snows were pushing them up   thirsty
insatiable   ruthless

iii. *So learn from the insatiable cordilleras pushed up from*
the dawning of time   worn by the years   tempered in
the eternal snows   learn that you won't be spared the
mountains' thirst   learn   learn to be just fodder for them

LOS HOYOS DEL CIELO VI

Vi a San Agustín con la cara cortada
viniendo hacia mí
desde la última nevada de los Andes
No te detengas—me dijo apenas—
que por ti también andan buscando
en los cielos invertidos de la tentación

i. Hundidos   hambrientos   bañados en horribles nieves: los
cielos invertidos de Chile

ii. Ahuecando las pesadas montañas   huecas   sí huecas son las
cordilleras de la tentación

iii. Huecos son también los ojos de los amortajados comentan los
cielos hundidos de Chile   hueco es el cielo   huecos son los
horribles ojos de la nieve   replican los muertos mirándolos

iv. Huecas son las cumbres   huecas son las nieves en que se bañan
los muertos   huecos son los ojos del llanto corean los cielos
invertidos sobre Chile   Nos hemos bañado en horribles nieves
anotamos nosotras las montañas   llorosas de frío   invertidas

THE SKY-HOLES VI

I saw Saint Agustine with his face cut
coming toward me
from the farthest snowfall of the Andes
"Don't stop" he told me hurriedly
"because they're also looking for you
in the inverted skies of temptation"

i. *Sunken   hungry   bathed in horrible snows: the inverted*
   skies of Chile

ii. *Scooping out the heavy mountains   hollow   yes hollow*
   the cordilleras of temptation

iii. *Hollow too the eyes of the shrouded comment the sunken*
   skies of Chile   hollow the sky   hollow the horrible
   eyes of the snow   rejoin the dead looking at them

iv. *Hollow the peaks   hollow the snows in which the dead*
   bathe   hollow the weeping eyes chimed the inverted
   skies over Chile   We've bathed in horrible snows
   note we the mountains   weeping cold   inverted

TODAS LAS MONTAÑAS

Estropeándose contra estas empinadas
me llamó Santa Juana de los Andes
sí me llamó toda una nieve de nombres
Manuela, Fernanda, Federica
tú eres la montaña me dijo y Dios
Dios la nevada finísima que te baña

i. Entonces por fin se vieron las lejanas montañas en el
   cielo

ii. Dadas vuelta   como cordilleras para abajo   cayendo sobre
    los Andes

iii. Desplegándose igual que cortinas en el horizonte   albas
     crecidas   hasta copar estos aires

iv. Y entonces   en este país de nevados   por un instante
    se volvieron a ver todas las cordilleras tendidas en el
    horizonte   transparentes   traspasadas de luz   detrás
    de sus cumbres levantando las huecas montañas del cielo

ALL THE MOUNTAINS

Thrashing himself against the steep summits
he called me Saint Joan of the Andes
yes he snowed numerous names on me
Manuela, Fernanda, Federica
you're the mountain he told me and God
God's the soft snowfall coating you

i. *Then the distant mountains were finally seen in the sky*

ii. *Topsy-turvy   like cordilleras upside down   falling*
     on the Andes

iii. *Drawn on the horizon like curtains   white   billowing*
      until they crowned these airs

iv. *And then   in this snow-crested country   for an instant*
     the cordilleras could again be seen stretched across the
     horizon   transparent   pierced by light   behind their
     peaks raising the hollow mountains of the sky

OJOS DEL SALADO

—el odio—

i. Bueno y allí llegan empapadas bajo el viento: las
cordilleras y en marcha

ii. Desde los blancos horizontes de la nevada   poniéndose
como el frío tras la mañana

Atravesando las heladas praderas del odio y la nevisca   de
odio son las llanuras que cruzan los Andes en su marcha   de
nieve son los inmensos cielos que recortan esas enloquecidas

iii. Por eso se empapan de frío las cumbres de los Andes

iv. Nada más que por eso se alzan frente a Santiago las
enloquecidas montañas marchando

Cruzando hasta blanquear de odio las llanuras que las miraban
Qué largas son las mañanas que miran heladas tras la noche   así
de blanco es el cielo que empapa la nieve sobre las montañas

v. Por eso son heladas las mañanas que siempre miran
las montañas

vi. Sólo por eso las cumbres marchan de frío al cielo
inmenso de las nevadas

vii. Nada más que por eso se levantan contra el cielo de
Santiago las imponentes cordilleras de los Andes en
marcha   estremecidas de odio   abruptas   voladas

OJOS DEL SALADO

—hatred—

   i. Hey and there they come soaked beneath the wind:
      the cordilleras and on the march

  ii. From the white horizons of the falling snow
      setting like cold behind the morning

Traversing the frozen grasslands of hatred and sleet   hateful
the prairies crossed by the Andes on the march   snowy the
immense skies outlining those demented mountains

 iii. That's why the Andes' peaks soak up the cold

  iv. For that reason alone the insane mountains
      facing Santiago rise up marching

Crossing the onlooking prairies until they whitened them with hatred
How long the mornings looking on frozen from behind the night   so
white the sky that soaks the mountains with snow

   v. That's why the mornings the mountains always
      watch are freezing

  vi. That's the only reason the peaks march cold
      to the immense sky of the falling snows

 vii. For that reason alone the imposing cordilleras
      of the Andes rise up marching against Santiago's
      sky   seething with hatred   abrupt   deranged

HUASCARAN

—el frío—

i. Cerca están y heladas las albas cordilleras de los Andes

ii. Levantando como plumones las pesadas nieves a su paso así
de altas   escarchando esas blancuras

Subiendo hasta transparentarse como los inmensos paisajes sobre las
cumbres de las nieves   siempre fueron transparentes los murallones
andinos   siempre fueron llanuras las soñadas cordilleras que veían

iii. Cuando sólo la helada es el color que levanta el cielo en
estos paisajes

iv. Cuando de puro frío se ven cayendo las albas llanuras tras
los Andes   sólo de frío   desvaneciéndose como un rayo de
luz sobre la nieve

Amontonándose tras las nevadas que vienen marchando cielo adentro
esas son las cumbres que congela el cielo frente a Chile   ese es
el frío que le va borrando hasta el color de estos paisajes

v. Porque nunca fueron más albos los sueños que marcharon
en las llanuras

vi. Por eso Chile mismo iba subiendo hasta ser arriba el cielo
helado de las montañas

vii. Cuando ya nadie vive y todos quieren mirar sin embargo el
hielo de la muerte remachando las albas cordilleras de los
Andes   más frías   levantando como un sueño estos nevados

HUASCARAN

—cold—

    i. Nearby and frozen the white cordilleras of the Andes

    *ii. Raising up like pillows the heavy snows in their
        path   freezing those white expanses*

*Climbing until they become transparent like the immense landscapes
over the snow-clad peaks   the great Andean walls were always
transparent   the dreamt cordilleras they saw were always prairies*

    *iii. When frost alone is the color raised by the sky
        in these landscapes*

    *iv. When out of sheer cold the white prairies are
        seen falling behind the Andes   just from the
        cold   vanishing like a ray of light over
        the snow*

*Drifting behind the snowfalls that come marching into the sky   those
are the summits frozen by the sky facing Chile   that is the cold
that keeps erasing even the color from these landscapes*

    *v. Because the dreams that marched on the prairies
       were never whiter*

    *vi. That's why Chile itself kept rising above to
        become the frozen sky of the mountains*

    *vii. When no one is left alive yet everyone wants
         to behold the deathly ice crowning the white
         cordilleras of the Andes   colder   raising
         like a dream these snowy summits*

NIEVES DEL ACONCAGUA

—la muerte—

i. Sudamericanas   miren entonces las cumbres andinas

ii. Desde el viento y el frío   como ningunas   estrellando
el cielo contra sus nevados

Tocando los blancos horizontes y las llanuras hasta que sólo un
sueño fueron los Andes desplegándose frente a Santiago   altos y
enfermos   en la muerte bañando los enormes cielos sudamericanos

iii. Por eso es tan dulce la muerte sobre la nieve

iv. Porque apenas una nevada es toda esta vida tras los fríos
horizontes de las montañas

v. Por eso se levantan sudamericanas ante el cielo y soñando
majestuosas de nieve   recortándose contra las alturas

Poniéndose más allá del frío y del silencio que se ve mirando la
inmensidad blanca de los Andes   al otro lado de las nieves en que
se bañan los muertos   mucho más allá de donde nosotros mismos
nos vemos cayendo igual que una helada frente a estas llanuras

vi. Cuando la nieve se levanta y es el sueño la cordillera
sudamericana

vii. Donde la vida se va blanqueando en la muerte hasta que
sólo un sueño queda de los perdidos horizontes de estos
nevados

viii. Cuando pasando como la muerte sobre la nieve todas las
cordilleras de los Andes se van a tender sudamericanas
y frente al cielo   majestuosas   heladas   perdidas

SNOWS OF ACONCAGUA

—death—

    i. South American   so behold the Andean peaks

    ii. From the wind and cold   like no others   shattering
      the sky against their snowy summits

Touching the white horizons and plains until the Andes   high
and sick   bathing in death the enormous South American
skies   were just a dream unfolding in front of Santiago

    iii. That's why death is so sweet upon the snow

    iv. Because this entire life is just a snowfall
      behind the cold horizons of the mountains

    v. That's why they rise up South American dreaming
      in snowy majesty before the sky   standing out
      against the heights

Placing themselves beyond the cold and the silence that can be
seen looking at the white immensity of the Andes   on the other side
of the snows in which the dead bathe   way beyond the point
where we see ourselves falling like frost before these plains

    vi. When the snow rises up and the dream is the
      South American cordillera

    vii. Where life keeps whitening into death until
      a dream is all that's left of the lost horizons
      of these snowy summits

    viii. When passing like death over the snow all the
      cordilleras of the Andes stretch out South American and
      facing the sky   majestic   frozen   lost

EPILOGO

Entonces yo solamente escondí la
cara   me cubrí entero: nieve fui

EPILOGUE

*Then I just hid my face   covered
myself completely: I was snow*

**Aferrado a las cuadernas se vio besándose
a sí mismo**

(Las Utopías, pág. 14)

**He was seen clutching the timbers kissing
himself**

(The Utopias, p. 15)

PASTORAL

PASTORAL

PASTORAL

Chile entero es un desierto
sus llanuras se han mudado y sus ríos
están más secos que las piedras
No hay un alma que camine por sus calles
y sólo los malos
parecieran estar en todas partes

¡Ah si tan sólo tú me tendieras tus brazos
las rocas se derretirían al verte!

PASTORAL

All Chile is a desert
its prairies are gone and its rivers
are drier than the stones
Not a soul walks its streets
and only the evil
seem to be everywhere

Ah if only you opened your arms to me
the rocks would melt on seeing you!

LOS PASTOS QUEMADOS

   i. Lloren los pastos de este valle de Cristo

  ii. Lloren la locura del quemarse de estos pastos

Para que todos los pastos de Chile crepitando se nublen
hasta el cielo y el cielo se haga allí una locura dejada
sobre el valle: la pasión dolorosa de estos campos

  iii. La locura será así un dolor crepitando frente
      a Chile

  iv. La locura será la dolorosa Pasión de estos
      paisajes

Desde donde Cristo se esparza crepitando sobre Chile y
Chile se haga allí el "Padre Padre / por qué me has
abandonado" como una locura desgarrándose sobre estos
valles: la sentida Pasión que les ardía

  v. Porque allí verán la locura de Cristo ardiendo
     sobre Chile

  vi. Abandonados   sólo allí podremos llorar el dolor
      de estos paisajes

  vii. Entonces ya resecos   como una Pasión consumida
       por todo este mundo escucharemos el estridente
       sollozar de los quemados pastos de Chile

THE BURNED MEADOWS

i. Weep the meadows of this valley of Christ

ii. Weep the madness of the burning of these meadows

*So that all Chile's crackling meadows can cloud even the sky
and there the sky will become a madness hanging over the
valley: the sorrowful passion of these fields*

*iii. Madness will thus be a sorrow crackling before
Chile*

*iv. Madness will be the sorrowful Passion of these
landscapes*

*Whence Christ will be scattered crackling over Chile and there
Chile will become the "My God, my God, why hast thou forsaken
me" like a rending madness over these valleys: the touching
Passion that burned them*

*v. For there you'll see the madness of Christ
burning over Chile*

*vi. Forsaken   there alone can we weep the sorrow
of these landscapes*

*vii. Then already parched   like a Passion consumed
we shall hear throughout this world the shrill
sobbing of the burned meadows of Chile*

IGUAL QUE PAJA SE DESPARRAMABAN

Nunca tocarían los valles que
quemaron   como paja   sólo la
furia del viento los arrullaba

Igual que paja se desparramaban los quemados pastos de
Chile   amarillentos   desgastados   como manchas de
tizne que por estas mismas llanuras se extendieran

    i. Porque incluso los desiertos parecían vergeles
       frente a las cenizas que quedan

   ii. De allí fueron los valles donde todo Chile se
       moría

  iii. De allí fue el dolor esparciendo estos pastos
       muertos   desparramándose por el viento

En que desparramados igual que paja bajo el viento ni
sus sombras fueron sino los caídos de estas llanuras
chilenas   muertos de pena   descarnados   en un último
sollozo arrancándose de entre las lágrimas las cenizas

SCATTERED LIKE STRAW

They would never touch the valleys
that burned   like straw   only
the fury of the wind lulled them

Chile's burned meadows were scattered like straw   yellow
consumed   like smudge spread over these same prairies

   i. Because even the deserts looked like gardens
     compared to the ashes left behind

   ii. That's the source of the valleys where all
      Chile was dying

   iii. That's the source of the sorrow scattering
      these meadows   dead   carried off by the wind

In which blown away by the wind like straw even its shadows
were just the fallen of these Chilean prairies   dying of
grief   desolate   rattling in a final sob the ashes among the tears

COMO PASTIZALES MALDITOS

De duelo los pastos de Chile
Tu madre nunca se perdonaría
por esos pastizales malditos

De duelo hasta el viento crepitaba sobre los quemados
pastos de estas llanuras   desplegadas   fantasmales
secándose como si fueran hojas que el aire se llevara

    i. Como zarzas   hasta la madre se ardían sobre los
      pastos de Chile

    ii. Sobre los pastos quemados Chile mismo se secaba
      desmembrado   ardiéndose hasta la madre

    iii. Amarillo   el mismo cielo ardía sobre los valles
      moribundos   como palos de zarza hasta la
      madre secándose

En que hasta la madre se hizo palos de zarza ardiendo
sobre los pastizales donde Chile se parió a sí mismo
hecho un dolor bajo estos cielos   caídos   irredentos
como paisajeríos malditos que ni tu madre perdonara

LIKE MEADOWLANDS ACCURSED

*In mourning the meadows of Chile
Your mother would never forgive
herself for these accursed pastures*

*In mourning even the wind crackled over the burned meadows of
these prairies   deployed   phantasmal   as dry as leaves
carried off by the air*

    *i. Like briars   reduced to ashes on the meadows
       of Chile*

    *ii. On the burned meadows even Chile dried up
        dismembered   reduced to ashes*

    *iii. Yellow   even the sky burned over the
         moribund valleys   like briars reduced to
         ashes*

*In which even the ashes became briars burning over the
meadowlands where Chile gave birth to itself like pain
beneath these skies   fallen   unredeemed   like accursed
landscapes that not even your mother would forgive*

LOS VALLES DE LA MALQUERIDA

La malquerida se iban gritando los arrasados pastizales de
Chile igual que una mujer dolorosa que les gimiera   muerta
de sed   desesperada   aguardándose el gozo por los pastos

    i. Pero nunca fue un gozo lo que arrancaron ellos de
       la malquerida

    ii. Por eso nunca habrían de celebrar el matrimonio de
        Chile con sus pastos

   iii. Por eso ni sus sombras saldrían a mirar los pastos
        que gimieron sobre Chile

Porque ni siquiera en sueños se verían de nuevo tendiéndose
sobre el valle sino apenas un cielo amarillo arrasado tras
los pastos   inmundo   abierto   gimiéndoles la malquerida

    iv. Pero incluso sus mujeres gemirán abiertas sobre el
        pasto

    v. El mismo cielo se oirá entonces sobre los quemados
      pastos de Chile

    vi. Incluso el polvo se negará a recibir las cenizas de
       esos perdidos

Cuando entonces hasta las piedras se compadezcan de gemir
de los paisajes que aguardaron   sucios   quemados   en tu
misma mujer gozándose con la mancha eterna de estos pastos

THE VALLEYS OF THE MALQUERIDA

The razed pastures of Chile kept shouting the malquerida like a
woman in pain moaning for help   dying of thirst   desperate
longing for joy in the meadows

   i. But what they seized from the malquerida was never
      joy

   ii. That's why they could never celebrate the marriage
      of Chile with its meadows

   iii. That's why not even the shadows came out to look
      at the meadows moaning over Chile

Because not even in dreams would they ever again see themselves
stretched over the valley but just a razed yellow sky   filthy
spread open   moaning to them from behind the meadows the malquerida

   iv. But even their wives will moan spread open on the
      meadow

   v. The sky itself will then be heard over the burned
      meadows of Chile

   vi. Even the dust will refuse to receive the ashes of
      those degenerates

Then when even the stones can pity the moaning of the landscapes
they awaited   filthy   burned   in your own wife enjoying herself
with the eternal stain of these meadows

EL GRITO DE MARIA

Quemados los praderíos crepitaron ardientes hasta volarse
en el grito de María   sobre el valle   llorándose el luto como
manchones de tizne que el mismo cielo ensombrecieron

    i. Ensombrecidos   un grito escucharon los valles que
       se quemaban

    ii. Sólo un grito fue el crepitar de aquellos pastos

    iii. Nada más que María fue el grito que Chile escuchó
       desflorándose sobre el campo

Porque todo Chile crepitó estremeciéndose para ya no ser
más que los pastos del grito de María   arrasados bajo el
cielo   desflorados   como tiña que hasta el aire evitara

    iv. Porque sólo pena salió del valle desflorado de
       María

    v. Así el grito fue la pascua ardida de Chile

    vi. Todo Chile gritó entonces desflorándose en las
       quemadas pascuas de sus valles

Desde donde los mismos cielos crepitaron hasta remachar con
un grito la desflorada pascua de María   ardida   de tiña
por los milenios llorando los quemados pastos de este luto

MARY'S CRY

*The burned meadowlands crackling hot until they were carried off
in Mary's cry   over the valley   weeping in mourning like smudge
that darkened even the sky*

   i. Dark   the burning valleys heard a cry

   ii. Just a cry was the crackling of those meadows

   *iii. Mary alone was the cry that Chile heard
deflowering itself upon the field*

*Because all Chile crackled shuddering until it was nothing
but the meadows   razed beneath the sky   deflowered   of
Mary's cry   like scabies that even the air would shun*

   *iv. Because only grief came out of Mary's deflowered
valley*

   v. So the cry was the burned passion of Chile

   *vi. Then all Chile cried out deflowering itself
on the burned passions of its valleys*

*From which the skies themselves crackled until they concluded with
a cry the deflowered passion of Mary   burned   scabrous   weeping
throughout the millennia the burned meadows of this mourning*

TODO HA SIDO CONSUMADO

   i. Por última vez díganse las llanuras de Chile

   ii. Miren por última ve, los pastos que quedan

Porque quemado todo Chile fue el último grito que esos
valles repitieron   ardidos   de muerte   por los aires
llorándose hechos cenizas que se volaban

   iii. Porque nada volvió a florecer en los pastos de
       Chile

   iv. Por eso hasta las cenizas se volaron con las
       arrasadas de estos pastos

Por donde Chile crepitó de muerte sobre sus valles y los
valles fueron allí el "consumado todo está" que gritaron
llorando a las alturas   abandonados   como una maldición
que les consumiera entera la vida en esos pastos

   v. Porque allí se vio ascender ardidos los valles
      sobre Chile

   vi. Por eso hasta las cenizas gritaban llorando
      "todo ha sido consumado"

   vii. Entonces   por última vez   como elevándose desde
      sus cenizas   sobre los cielos vieron arder los
      moribundos valles que todo Chile les lloraban

EVERYTHING HAS BEEN CONSUMED

   i. For the last time say the prairies of Chile

  ii. Behold for the last time the meadows that remain

*Because burned all Chile was the last cry repeated by those
valleys   parched   ghastly   reduced to weeping ashes flying
throughout those airs*

 *iii. Because nothing flowered again in the meadows
      of Chile*

  *iv. That's why even the ashes flew off with the
      razing of these meadows*

*Where Chile crackled ghastly over its valleys and there
the valleys were the "everything is consumed" that they shouted
weeping to the heights   forsaken   like a curse that
consumed entirely the life in those meadows*

   *v. Because there the burned valleys were seen
      rising over Chile*

  *vi. That's why even the ashes shouted weeping
      "everything has been consumed"*

 *vii. Then   for the last time   as if rising from
      their ashes   over the skies they saw the burning
      of the moribund valleys that all Chile wept*

PASTORAL DE CHILE

I

Chile está cubierto de sombras
los valles están quemados, ha crecido la zarza
y en lugar de diarios y revistas
sólo se ven franjas negras en las esquinas
Todos se han marchado
o están dormidos, incluso tú misma
que hasta ayer estabas despierta
hoy estás durmiendo, de Duelo Universal

PASTORAL OF CHILE

I

Chile is covered with shadows
the valleys are burned, briars have grown
and instead of newspapers and magazines
only black bands are seen on the street corners
All have gone away
or are asleep, even you
wide awake until yesterday
are sleeping today, in Universal Mourning

II

Los pastos crecían cuando te encontré acurrucada
tiritando de frío contra los muros
Entonces te tomé
con mis manos lavé tu cara
y ambos temblamos de alegría cuando te pedí
que te vinieses conmigo
Porque ya la soledad no era
yo te vi llorar alzando hasta mí tus párpados quemados
Así vimos florecer el desierto
así eschuchamos los pájaros de nuevo cantar
sobre las rocas de los páramos que quisimos
Así estuvimos entre los pastos crecidos
y nos hicimos uno y nos prometimos para siempre
Pero tú no cumpliste, tú te olvidaste
de cuando te encontré y no eras más que una esquirla
en el camino. Te olvidaste
y tus párpados y tus piernas se abrieron para otros
Por otros quemaste tus ojos
Se secaron los pastos y el desierto me fue el alma
como hierro al rojo sentí las pupilas
al mirarte manoseada por tus nuevos amigos
nada más que para enfurecerme
Pero yo te seguí queriendo
no me olvidé de ti y por todas partes pregunté
si te habían visto y te encontré de nuevo
para que de nuevo me dejaras
Todo Chile se volvió sangre al ver tus fornicaciones
Pero yo te seguí queriendo y volveré a buscarte
y nuevamente te abrazaré sobre la tierra reseca
para pedirte otra vez que seas mi mujer
Los pastos de Chile volverán a revivir
El desierto de Atacama florecerá de alegría
las playas cantarán y bailarán para cuando avergonzada
vuelvas conmigo para siempre
y yo te haya perdonado todo lo que me has hecho
¡hija de mi patria!

II

The meadows were blossoming when I found you huddled
against the walls shivering from the cold
Then I took you
by the hands, washed your face,
and we both trembled with joy when I asked you
to come with me
Because loneliness was no more
I saw you weep and raise your burned lids to me
Thus we saw the desert flower
heard the birds sing again
above the rocks of the open plateaus we loved
Thus we walked the lush meadows
became one and exchanged eternal vows
But you broke your word, forgot
you were just a splinter on the road
when I found you. You forgot
and your lids and legs opened for others
For others your eyes burned
The meadows dried up and the desert was my heart
my pupils felt like red-hot iron
when I saw you let your new friends fondle you
just to infuriate me
But I kept loving you
I didn't forget you and I asked everywhere
if anyone had seen you and I found you again
only to have you leave me another time
All Chile became blood on seeing your fornications
But I kept loving you and I'll look for you
and embrace you again above the parched earth
and ask you once more to be my wife
The meadows of Chile will be revived
The Atacama Desert will blossom with joy
the beaches will sing and dance when ashamed
you return to me forever
and I've forgiven you all you've done to me
daughter of my homeland!

III

Allá va la que fue mi amor, qué más podría decirle
si ya ni mis gemidos conmueven
a la que ayer arrastraba su espalda por las piedras
Pero hasta las cenizas recuerdan cuando no era
nadie y aún están los muros contra los que llorando
aplastaba su cara mientras al verla
la gente se decía "Vámonos por otro lado"
y hacían un recodo sólo para no pasar cerca de ella
pero yo reparé en ti
sólo yo me compadecí de esos harapos
y te limpié las llagas y te tapé, contigo hice agua
de las piedras para que nos laváramos
y el mismo cielo fue una fiesta cuando te regalé
los vestidos más lindos para que la gente te respetara
Ahora caminas por las calles como si nada de esto
hubiese en verdad sucedido
ofreciéndote al primero que pase
Pero yo no me olvido
de cuando hacían un recodo para no verte
y aún tiemblo de ira ante quienes riendo te decían
"Ponte de espalda" y tu espalda se hacía un camino
por donde pasaba la gente
Pero porque tampoco me olvido del color del pasto
cuando me querías ni del azul
del cielo acompañando tu vestido nuevo
perdonaré tus devaneos
Apartaré de ti mi rabia y rencor
y si te encuentro nuevamente, en ti me iré amando
incluso a tus malditos cabrones
Cuando vuelvas a quererme
y arrepentida los recuerdos se te hayan hecho ácido
deshaciendo las cadenas de tu cuello
y corras emocionada a abrazarme
y Chile se ilumine y los pastos relumbren

III

There goes the one I loved, what more could I say
if my sighs no longer move
her who yesterday dragged her back over the stones
But even the ashes remember when she was nobody
and there are the very walls she pressed her weeping
face to while those who saw her said "Let's go on
the other side" and detoured to avoid walking near her
but I took notice of you
I alone pitied those tattered clothes
washed your wounds and covered you, wrung water
from the stones with you so we could wash
and even the sky was a fiesta when I gave you
the prettiest dresses so people would respect you
Now you walk the streets as if none of this
had really happened
offering yourself to the first passerby
But I do not forget
when they detoured to avoid seeing you
and still I shake with rage about those who laughing
said "Lie on your belly" and your back became a road
that people walked over
But since I'll not forget the color of the meadows
when you loved me or the blueness
of the sky matching your new dress
I'll forgive your hustling
I'll withdraw from you my rage and wrath
and if I find you again, for you I'll love even
your damned pimps
When you love me again
and repentant your acid memories
dissolve the chains around your neck
and impassioned you run to embrace me
and Chile grows light and the meadows glow

IV

Son espejismos las ciudades
no corren los trenes, nadie camina por las calles
y todo está en silencio
como si hubiera huelga general
Pero porque todo está hecho para tu olvido
y yo mismo dudo si soy muerto o viviente
tal vez ni mis brazos puedan cruzarse sobre mi pecho
acostumbrados como estaban al contorno de tu cuerpo
Pero aunque no sobrevivirán muchas cosas
y es cierto que mis ojos no serán mis ojos
ni mi carne será mi carne
y que Chile entero te está olvidando
Que se me derritan los ojos en el rostro
si yo me olvido de ti
Que se crucen los milenios y los ríos se hagan azufre
y mis lágrimas ácido quemándome la cara
si me obligan a olvidarte
Porque aunque hay miles de mujeres en quien poder
alegrarse y basta un golpe de manos
para que vuelvan a poblarse las calles
no reverdecerán los pastos
ni sonarán los teléfonos ni correrán los trenes si
no te alzas tú la renacida entre los muertos
Hoy se han secado los últimos valles
y quizás ya no haya nadie
con quien poder hablar sobre la tierra
Pero aunque eso suceda
y Chile entero no sea más que una tumba
y el universo la tumba de una tumba
¡Despiértate tú, desmayada, y dime que me quieres!

IV

The cities are mirages
the trains don't run, no one walks the streets,
and all is silence
as if there were a general strike
Since everything contrives to make me forget you
and I myself doubt if I'm dead or alive
perhaps not even my arms can cross my chest
accustomed as they were to the shape of your body
But even though many things may not survive
and it's certain that my eyes will not be my eyes
nor my flesh my flesh
and that all Chile is forgetting you
May my eyes melt on my face
if I forget you
Forsake the millennia, let the rivers become sulphur
and my tears acid burning my face
if they force me to forget you
For even though there are thousands of women to
*make me ha*ₜ *y and one clap of the hands would suffice*
to fill the streets again
the meadows will not be green
nor will the phones ring or the trains run
if you don't arise from the dead reborn
Today the last valleys died
and perhaps there will no longer be
anyone on earth to talk to
But even if that happens
and all Chile is just a tomb
and the universe the tomb of a tomb
Awaken, sleeping beauty, and tell me you love me!

V

Rómpanse de amargura, muéranse de dolor
Que se derritan sus tanques
y se caigan a pedazos sus aviones
y que de tristeza se hagan polvo corazones y valles
mentes y paisajes
delirios y galaxias
Porque enlutaron sus casas y arrasaron sus pastos
Porque no hay consuelo para nosotros
y nadie acude
a compadecerse de los afligidos

Y ella llorando decía:
"Nadie me quiere y mis hijos me han abandonado"
Pero ¿quién podría dejar de querer
al niño que cría
o abandonar al hijo que alimenta?
Pues bien, aunque se encontrase a alguien
que así lo hiciese
¡Ellos nunca te abandonarían a ti!

V

May they burst out of grief, die of distress
Let their tanks melt
and their planes fall to pieces
and out of sadness let hearts and valleys
minds and landscapes
delirium and galaxies turn to dust
Because they plunged our houses into mourning and razed our meadows
For we cannot be consoled
and no one comes
to sorrow with the bereaved

And weeping she said:
"No one loves me and my children have abandoned me"
But who could stop loving
a babe in arms
or abandon a cherished child?
Well, even if there were someone
who could
They would never abandon you!

VI

Chile está lejano y es mentira
no es cierto que alguna vez nos hayamos prometido
son espejismos los campos
y sólo cenizas quedan de los sitios públicos
Pero aunque casi todo es mentira
sé que algún día Chile entero
se levantará sólo para verte
y aunque nada exista, mis ojos te verán

VI

Chile's distant and it's a lie
it's not true we've ever exchanged vows
the fields are mirages
and public places are reduced to ash
But even though almost everything's a lie
I know that someday all Chile
will arise just to see you
and even if nothing exists, my eyes will see you

¡Entonces cantarían esos valles!

Then those valleys would sing!

Then those valleys would sing!

EVEN IF IT'S JUST A CHIMERA

i. *And who could say if the prairies will again*
   be green

ii. *Who if these meadows could sing a new green*

Because who would have said that the burned meadows could blossom
with the valleys and the valleys with all Chile could then sing
the glory dazzling the landscapes: the chimera of these meadows

iii. *Chile could thus bring the chimera to blossom*
    in its meadows

iv. *All would then be seen listening to the glory*
    sung to them in the prairies

Because dying they'd see the valleys covered with the glories
they sang and then they'd all echo like a chimera covering these
landscapes with flowers: the song of the prairies

v. *Chile would then hear the prairie meadows singing*

vi. *There even the stones would embrace   ecstatic*
    upon the meadow

vii. *And who could then say that the meadows of our*
    lives won't flower again   even if it's just a
    chimera   all singing the glory of this country
    green again

AUNQUE NO SEA MAS QUE UNA QUIMERA

   i. Y quién diría si enverdecen de nuevo las llanuras

   ii. Quién si cantaran de un nuevo verdor estos pastos

Porque quién diría si los quemados pastos florecieran con los
valles y los valles con Chile entero cantaran entonces la
gloria que deslumbra los paisajes: la quimera de estos pastos

   iii. Chile florecería así la quimera sobre sus pastos

   iv. Todos se verían escuchando entonces la gloria que
       les cantó por las llanuras

Porque muriendo verían taparse los valles con las glorias que
cantaban y todos resonarían entonces como una quimera que les
floreciese cubriendo estos paisajes: el cantar de las llanuras

   v. Chile escucharía entonces cantar los pastos de las
      llanuras

   vi. Hasta las piedras se abrazarían allí   embelesadas
      sobre el pasto

   vii. Y quién diría entonces que no florecen de nuevo los
       pastos de nuestra vida   aunque no sea más que una
       quimera   cantándose todos de gloria la reverdecida

EVEN IF IT'S JUST A CHIMERA

   i. *And who could say if the prairies will again*
      be green

   ii. *Who if these meadows could sing a new green*

Because who would have said that the burned meadows could blossom
with the valleys and the valleys with all Chile could then sing
the glory dazzling the landscapes: the chimera of these meadows

   iii. *Chile could thus bring the chimera to blossom*
       in its meadows

   iv. *All would then be seen listening to the glory*
       sung to them in the prairies

Because dying they'd see the valleys covered with the glories
they sang and then they'd all echo like a chimera covering these
landscapes with flowers: the song of the prairies

   v. *Chile would then hear the prairie meadows singing*

   vi. *There even the stones would embrace   ecstatic*
      upon the meadow

   vii. *And who could then say that the meadows of our*
       lives won't flower again   even if it's just a
       chimera   all singing the glory of this country
       green again

SI RELUMBRANTES SE ASOMASEN

Por qué no los pastos de Chile
si hasta en sueños se aparecen
todos mecidos por el viento

Pastos serían así los quemados sueños de Chile asomándose
por esas llanuras que de golpe el mismo viento les traía
suspendidas   increíbles   barriéndose contra el horizonte

I

  i. Un viento atravesaría así el pasto de estos sueños

  ii. Allí tal vez verían aparecerse el primer verde   a
     lo lejos   meciéndose frente al viento

  iii. Desde Chile entero saldrían a escuchar entonces la
     enverdecida de estos pastos   relampagueantes   de
     sueños   poniéndose en el horizonte

(INFINITOS REVERDECERIAN)

Porque pastos serían las quemadas llanuras que en sueños el
viento iba subiendo hasta asomarlas en la relumbrada final
de todas ellas   despiertas   vivas   recortando la primera
mancha verde en el horizonte entero ardido de estos valles

IF RESPLENDENT THEY CAME FORTH

Why not the meadows of Chile
if even in dreams they all
appear swaying in the wind

Meadows would thus be the burned dreams of Chile coming forth in
the prairies which the wind itself suddenly brought them
suspended   incredible   sweeping against the horizon

I

   i. So a wind would cross the meadow of these dreams

  ii. There perhaps they would see the first green   in
      the distance   swaying before the wind

 iii. From all Chile they would then come out to listen
      to the greenness of these meadows   flashing   as in
      a dream   setting on the horizon

(INFINITELY GREEN AGAIN)

Because meadows would be the burned prairies which in dreams
the wind kept lifting until they all came forth in their final
resplendence   awakened   alive   the first green patch
standing against the entire burned horizon of these valleys

LES CLAMARIAN LOS VALLES

Revivirían los pastos de Chile
ay sí un dios mío se resonaran
los pobres valles que quemaron

Para que dolorosos los campos de Chile no sean los campos
que vieron sino un dios mío clamándose al aire   resonante
sonoro   en el viento destellando el vocear de la revivida

II

   i. Sólo un dios mío clamarían los valles de la revivida

   ii. Así los mismos pastizales serían un clamor tirado al
      viento

  iii. Entonces   emocionado   Chile entero se alzaría por
      los pastos que viven   inmensos   llorando sobre el
      primer verdor de la llanura

(REVIVIDAS VERDEARAN)

Para que empecinado este vocear comience a levantarse desde
los campos hasta que todo lo que vive sea el retumbe de un
dios mío clamándose en esas llanuras   límpido   resonante
en el viento coreando como a una sola voz la enverdecida

THE VALLEYS WOULD CRY OUT TO THEM

The meadows of Chile would revive
ay sí the poor valleys that they
burned would echo "my god"

So that grieving the fields of Chile will not be the fields
they saw but a "my god" crying out in the air   resounding   sonorous
beaming in the wind the shouting of this country revived

II

i. *The valleys of the revived would only cry out*
   "my god"

ii. *So the prairies themselves would be a cry cast*
    to the wind

iii. *Then all Chile   moved   would rise up in the living*
     meadows   immense   weeping over the first green of
     the prairie

REVIVED THEY'LL BE GREEN

So that obstinate this shouting can begin to rise up from the
fields until everything alive becomes the rumble of a "my god"
limpid   resounding   crying out in these prairies   singing
to the wind as in a single voice this country green again

AUN ABANDONADOS FLORECERIAN

Abandonados no verían las llanuras sino sólo un vocear
recorriendo los valles   alucinante   creciendo   como si
un chillido les partiera Chile entero sobre sus pastos

   i. Porque un crío era Chile chillando por el pasto

  ii. Por eso Chile se partía   estremecido   sintiendo
     sus chillidos

 iii. Por eso todos aguardaban   chillando   por los
     pastos que les enverdecieran sus penas

Para que abandonados empiece a oírse desde los valles
el vocear de nuevos críos enverdeciéndoles sus penas y
sólo pastos miraran allí los abandonados hijos de Chile

  iv. Porque allí podrían enverdecer las penas de
     Chile

   v. Incluso los valles crecerían como los críos
     de una pena

  vi. Porque todos los hijos de Chile volverían a
     tender el verdor que olvidaron del valle

Para que chillando todos los hijos de Chile se tiendan
como un verdor que les renaciera desde sus penas y allí
se les vea venir corriendo sobre estos pastos   todos
partidos de gozo cantando aún abandonados florecerían

EVEN FORSAKEN THEY'D FLOWER

Forsaken they would not see the prairies but only a cry
crossing the valleys   phantasmal   intensifying   as if
all Chile were rent by a scream over its meadows

    i. Because Chile was a babe bawling in the meadow

    ii. That's why Chile was rent   shaken   hearing
       those cries

    iii. That's why everyone waited   bawling for other
       meadows that could turn their sorrows green

So that forsaken they could begin to hear from the valleys
the bawling of the newborn turning their sorrows green and
the forsaken children of Chile would behold only meadows there

    iv. For there Chile's sorrows could become green

    v. Even the valleys would grow from pain like
       the newborn

    vi. For all the children of Chile would again hold
       forth the greenness forgotten in the valley

So that bawling all the children of Chile can be held forth
like a greenness reborn of their sorrows and there they could
be seen running over these meadows   all beside themselves
with joy singing even forsaken they'd flower

EL VERDOR DE LA MADRUGADA

Irredentos Chile entero lloraba los amarillos pastos que
se iban perdiendo   en plena noche   sin luz   con todas
estas llanuras clamando los nuevos pastos de la madrugada

    i. Y qué si redimidos nosotros fuésemos los pastos de
       la madrugada

    ii. Y qué si nos viésemos a nosotros mismos amaneciendo
       sobre el valle

    iii. Y qué si de luz la madrugada reviviera los muertos
       valles de Chile

Porque alborados de luz podrían hacerse los pastos sobre
Chile y los muertos amanecerían entonces riendo por estas
llanuras   de madrugada   iluminados cantándose la renacida

    iv. Todos podrán saber así porque ríe la madrugada

    v. Y qué si Chile entero amaneciese resucitado con
       sus muertos

    vi. Todos podrán saber entonces si amaneció el nuevo
       día sobre Chile

Porque amanecidos nosotros llegaríamos a ser el despertar
que ríe sobre Chile y los pastos la resucitada final de
estos muertos   al alba   relumbrosos de luz   detrás de
los Andes despuntando ellos como un verdor la madrugada

THE GREENNESS OF DAWN

*Unredeemed all Chile wept the yellow meadows that kept fading
away   in the depths of night   pitch-dark   with all these
prairies clamoring for the dawn's new pastures*

    *i. And what if redeemed we were the dawning
       meadows*

    *ii. And what if we saw ourselves awakening
       over the valley*

    *iii. And what if the dawn's light revived
       the dead valleys of Chile*

*Because lit by dawn they could become the meadows over
Chile and the dead would then awaken laughing in these
prairies   at dawn   radiantly singing the country reborn*

    iv. So everyone will know by the dawn's laughing

    *v. And what if all Chile awakened resurrected with
       their dead*

    *vi. Everyone will then know if a new day has
       dawned over Chile*

*Because awakened we would become the daybreak laughing
above Chile and these meadows the final resurrection of
the dead   at dawn   resplendent with light   breaking
the day like a greenness behind the Andes*

BIENAVENTURADOS SERIAN LOS VALLES

   i. Bienaventurados serían así los verdes pastos de
      Chile

  ii. Bienaventurados los pastos que mirarían de estos
      valles

Porque felices verían cruzarse un valle con el milenio y
el milenio se vería entonces como una llanura que por los
pobres pastos se les encumbrara: el final que aguardaron

  iii. Bienaventurados serían entonces los pobres pastos
      de estos valles

  iv. Felices porque ellos podrían mirar todo el verdor
      del universo

Porque de llanura en llanura verían subir el verdor de un
milenio y todo Chile podría ver así los pobres que fueron
floreciendo estos paisajes   acá mismo   como un valle que
por ellos aguardara: el fin de este milenio enverdecido

   v. Porque los pobres serían el milenio enverdecido

  vi. Esplendorosos   como levantados desde su dolor
      como si se borraran sus heridas

 vii. Todos los pobres se cruzarían entonces igual que
      un valle sobre Chile   abiertos   anhelados   como
      si una mancha verde allá al final los esperara

THE VALLEYS WOULD BE BLESSED

   i. Chile's green valleys would thus be blessed

   *ii. Blessed the meadows they would behold from
        these valleys*

*Because happy they'd see a valley crossed with a millennium
and the millennium would then be seen like a prairie raised
for the poor meadows: the end they had hoped for*

   *iii. The poor meadows of these valleys would
         then be blessed*

   *iv. Happy for they could behold all the greenness
        of the universe*

*Because from prairie to prairie they could see the greenness
of a millennium rise up and all Chile could thus see the poor
who have made these landscapes flower   right here   like a
valley waiting for them: the end of this green millennium*

   v. For the poor would be the green millennium

   *vi. Splendrous   as if risen from their pain
        their wounds had been washed away*

   *vii. All the poor   open   longed-for   would then
         cross over Chile like a valley   as though a
         patch of green awaited them there at last*

PASTORAL DE CHILE

VII

¡Que canten y bailen, que se rasgue el cielo!
porque han reverdecido los pastos sobre Chile
y mi amor no se ha olvidado de mí
Porque no ondearán
las banderas de luto ni cometeremos falta
cuando arrasados de lágrimas volvamos a encontrarnos
y mis ojos se iluminen y tu voz se entrecorte

PASTORAL OF CHILE

VII

Sing and dance, rip open the sky
because Chile's meadows are green again
and my love has not forgotten me
Because the flags won't fly
at half mast and we won't be transgressing
when bathed in tears we meet again
and my eyes light up and your voice becomes choked

VIII

Despiértate, despiértate y mira al que ha llegado
despiértate y contempla cómo han reverdecido los pastos
ellos no volverán a secarse ni crecerá la zarza
ni se mecerán sus aviones bajo nuestro cielo
Entonces despierta
despierta con toda tu inocencia y mira al que ha venido
Por un minuto tiéndele tus brazos
y luego muéstrale como si fueras tú misma
los desiertos resembrados
que ya no volverás a ser tierra sin agua
ni aullarán más a tu paso
como a la yegua loca del camino
Por eso despierta y como si te sorprendieras soñando
alza hasta mí tus ojos
y después siéntate nuevamente en mis rodillas
y bébeme los pechos igual que antaño
que si tú lo quieres yo seré madre para ti y tú otra vez
la hija más querida
y nos haremos uno: madre padre e hija para siempre
Entonces despiértate, despiértate riendo que has llegado
despiértate y desata las cadenas que te tenían atada
ya no volverás a cargarlas
ni llevarás más sobre tu cuello el peso de la vergüenza
Porque nuevamente nos hemos visto
y Chile entero se ha levantado para mirarte
¡hija de mi patria!

VIII

Awaken, awaken and look who has come
Awaken and behold the meadows turned green
they won't dry up again nor will the briars grow
nor their planes wave under our sky
So awaken
awaken in all your innocence and see who has arrived
Open your arms to him for an instant
and then stand before him as if you yourself were
the deserts resown
for you'll never again be unwatered soil
nor will they howl at your passing
as if you were a filly run wild
So awaken and raise your eyes to me
as in a dream
then sit on my lap once more
and suckle my breasts as you did long ago
for if you like I'll be your mother and you again
my most cherished daughter
and we'll be as one: mother father and daughter forever
So awaken, awaken laughing for you've arrived
awaken and undo the chains that have kept you bound
no more chains
nor bearing the burden of shame on your neck
For we've seen one another again
and all Chile has risen to behold you
daughter of my homeland!

IX

Ríanse a mandíbula batiente
porque ella y yo nos hemos encontrado
Griten piedras y malezas del campo
que por nuestro amor
las cárceles de las ciudades se derrumban
y las rejas se deshacen
y hasta los candados han cedido
reventándose en los pórticos de los edificios
Por eso ríanse, ríanse que nos hemos encontrado
vuélense de amor por los pastos
Que yo y ella nos queramos para siempre
y que por nuestro amor sean queridas
hasta las puntas de fierro de las botas
que nos golpearon
y que quienes burlándose nos decían
"Báilennos un poco" y nos apagaban sus cigarros
en los brazos para que les bailáramos
que por nuestro amor, sólo por eso, ahora
bailen ellos
embellecidos como girasoles sobre el campo
Miren entonces la enverdecida de esta patria
para que sean benditos padre e hijo
esposa y esposo
para que hasta el león y la leona sean benditos
y después digan quién podrá apagar este amor
No lo apagarán ni lo ahogarán
océanos ni ríos

IX

Roar with laughter
for she and I have found one another
Shout field stones and briars
because for our love's sake
the city jails are collapsing
the bars are breaking
and even the padlocks have given way
bursting in the entryways
So laugh, laugh because we've found one another
fall head over heels in the meadows
She and I, may we love one another forever
and in the name of our love let even
the steel-toed boots
that kicked us be loved
and those who mocking us said
"Do a little dance for us" and put out their cigarettes
on our arms so we would dance for them
for our love's sake, for that alone,
let them now dance
adorning the fields like sunflowers
Then behold this country turned green
so that father and son wife and husband
may be blessed
so that even the lion and lioness may be blessed
and then say who can extinguish this love
Neither oceans nor rivers
will extinguish or smother it

X

Yo sé que tú vives
yo sé ahora que tú vives y que tocada de luz
ya no entrará más en ti ni el asesino ni el tirano
ni volverán a quemarse los pastos sobre Chile
Abandonen entonces las cárceles
abandonen los manicomios y los cuarteles
que los gusanos abandonen la carroña
y los torturadores la mesa de los torturados
que abandone el sol los planetas que lo circundan
para que sólo de amor hable todo el universo
Que sólo de eso hablen los satélites y las radios
la noche y los eclipses
las barriadas y los campamentos
Que sólo de amor hablen hasta los orines y las heces
Porque está de novia la vista
y de casamentero el oído
porque volvieron a reverdecer los campos
y ella está ahora frente a mí
Griten entonces porque yo sé que tú vives
y por este Idilio se encuentran los perdidos
y los desollados vuelven a tener piel
Porque aunque no se borren todas las cicatrices
y todavía se distingan
las quemaduras en los brazos
También las quemaduras y las cicatrices
se levantan como una sola desde los cuerpos y cantan
Con cerros, cordilleras y valles
con dulces y mansos, muertos y vivos
cantando con todo cuanto vive esta prometida del amor
Que puede florecer desiertos y glaciares

X

I know you're alive
I now know you're alive and that touched by light
the assassins and tyrants will no longer enter you
nor will the meadows burn over Chile again
So abandon the jails
abandon the asylums and barracks
may the maggots abandon the carrion
and torturers the table of the tortured
let the sun abandon the planets surrounding it
so the entire universe can speak only of love
Speak of that alone satellites and radios
nights and eclipses
the barrios and the slums
Let even the urine and feces speak only of love
Because our eyes are engaged
and our ears prepared to wed
for the fields have again turned green
and she is now before me
So shout because I know you're alive
and for this Idyll the lost will find one another
and those flayed will again have skin
Because even though all the scars are not healed
and the burns on our skin
can still be seen
The burns and scars too
arise from the body as one and sing
With the hills, cordilleras, and valleys
with the sweet and the humble, the dead and the living
singing with everything alive this promise of love
That can bring deserts and glaciers to blossom

XI

Que griten, que se emborrachen, que se vuelen de júbilo
que silben de alegría todos los habitantes de Chile
como corderos saltando en el pasto
como fuegos artificiales
Que enloquezca de tanto reírse cuanto sea que ahora viva
los desiertos del corazón y las nieves del alma
la soledad que canta
y en la dichosa asciendan juntos sentimientos y paisajes
glaciares de la Antártica y glaciares de la mente
piedras de Chile y corazones de piedra
Que la luz nos derrita los ojos y se nos quemen las manos
sólo porque estamos contentos
y que por eso se nos empañen las pupilas
y se nos vayan de fiesta los brazos y las piernas
Porque lo que moría renació y lo vivo vivió dos veces
Porque volvió a brotar el amor que nos teníamos
y ahora caminas libre por las calles
tú que estabas cautiva

XI

Shout at the top of your lungs, get drunk, explode in rejoicing
Let all Chile's inhabitants whistle merrily
like fireworks
jumping in the meadows like lambs
Roar with laughter everything yet alive
deserts of the heart and snows of the soul
the solitude that sings
and in happiness rise up together feelings and landscapes
Antarctic glaciers and glaciers of the mind
stones of Chile and hearts of stone
May the light burn our hands and melt our eyes
just because we're content
and since this is so let our pupils blur
let our arms and legs celebrate
Because what died was reborn and the living lived twice
For our love has blossomed again
and now you walk the streets free
you who were captive

XII

Porque han vuelto a florecer los pastos
Chile entero se despierta
y sus cielos se levantan y están de fiesta
También tú, que caminas llorando
ahora te levantas de fiesta
con todo cuanto vive, de fiesta por los valles
con todo cuanto vive, despierta, como en Idilio General

XII

As the valleys have flowered again
all Chile awakens
and its skies rise up and celebrate
You too who walk weeping
now rise up to celebrate
with everything alive, celebrating in the valleys
with everything alive, awake, as in a General Idyll

¡hasta los cielos te querrán!

even the skies will love you!

PARA SIEMPRE FLORECIDOS

    i. Para siempre entonces los verdes pastos de Chile

    ii. Vidita para siempre la enverdecida de estos pastos

Porque de prenda dejaron un perdón florecido sobre Chile
hasta que Chile mismo fue la prenda que les enverdeció
perdonada sobre estos campos: el luminoso verde de sus
valles

    iii. Porque Chile fue el perdón florecido en estos
          campos

    iv. Esa fue la florecida que vieron frente a Chile
          vidita   como un perdón frente a ellos

Porque Chile mismo fue una prenda perdonada sobre estas
llanuras para que ellas se hicieran allí el perdón que
hasta en los sueños les enverdecieron: los luminosos
pastos de sus valles

    v. Porque hasta el polvo perdonó al polvo sobre los
       valles de Chile

    vi. Por eso Chile todo se abrazaba   vidita sí   se
        besaban

    vii. Entonces   hecho una prenda perdonada   sobre
        Chile se extendió el verdor para siempre de estos
        valles te digo vidita sí para siempre florecidos

FOREVER FLOWERING

   i. So forever the green meadows of Chile

  ii. Vidita forever the greenness of these meadows

*Because they pledged a forgiveness flowering over Chile until
Chile itself was the pledge growing a forgiven green for them
over these fields: the luminous green of its valleys*

  *iii. Because Chile was the forgiveness flowering
     in these fields*

  *iv. That was the flowering they saw facing Chile
     Vidita   like a forgiveness before them*

*For Chile itself was a pledge forgiven over these plains so
they could be there a forgiveness become green even in their
dreams: the luminous meadows of its valleys*

  *v. For even the dust forgave the dust over
    the valleys of Chile*

  *vi. That's why all Chile was embracing   Vidita
    sí   they were kissing*

  *vii. Then   like a pledge of forgiveness   over Chile
    the green of these valleys spread forever I'm
    telling you Vidita sí forever flowering*

UN COLOR NUEVO CANTABAN

Yo sé que viven los valles
un color nuevo cantaban
las llanuras embelesadas

Donde tocados sobre Chile el cielito lindo se hacía uno
con los pastos florecidos y cielos eran así sus rostros
arrobados frente a los valles: el color nuevo de Chile

SI CIELITO

  i. Porque desde todo Chile salían a encontrarse por
los valles enverdecidos

  ii. Deslumbrados   tocándose en esos pastos   cielito
floreciendo por las llanuras

 iii. Por eso se arrobaban sus rostros   cielito lindo
haciéndose uno con esos cielos

¡SIEMPRE TE QUERREMOS!

Donde encontrados el cielo de Chile se hizo uno con los
colores de este valle hasta que no fueron sino un color
de rostro humano esas llanuras   libérrimas   por Chile
entero cielito lindo de color rostro humano la encielada

THEY SANG A NEW COLOR

I know the valleys are living
a new color
the enraptured prairies sang

Where playing above Chile the Cielito Lindo was coupling with
the flowering meadows and skies were thus their enraptured faces
before the valleys: the new color of Chile

SI CIELITO

    i. Because all Chile came out to meet in the green
       valleys

    ii. Astounded   playing in those meadows   Cielito
       flowering throughout the prairies

    iii. That's why their faces were enraptured   Cielito
       Lindo   coupling with those skies

WE SHALL ALWAYS LOVE YOU!

Where together Chile's sky coupled with the colors of this valley
until these prairies   completely free   were just the color of
a human face   throughout all Chile Cielito Lindo the color of
a human face the sky

NUNCA VOLVERAN A SECARSE

Sí vidita los pastos de Chile
Vivos y muertos se besaban ay
nunca morirán la enverdecida

Nunca morirán te repiten al unísono vidita resurrectos
por la llanura   misericordes   esplendorosos   besando
toda vida te repiten vidita nunca moriremos florecidos

AY VIDITA

i. Porque nunca volverán a secarse los verdes
pastos de Chile

ii. Floreciendo la llanura   vidita esplendentes
como una iluminación por los pastos

iii. Porque nunca morirán   abrazados y besados
vidita nunca más moriremos

¡CHILE ENTERO TE QUERRA!

Porque nunca morirás te repiten radiantes los vivos y
los muertos besándose hasta sacarse lágrimas de la
enverdecida   extasiados   sonrientes   con todos los
valles repitiéndote vidita todo verdor nunca morirá

THEY'LL NEVER DRY UP AGAIN

Sí Vidita the meadows of Chile
The living and the dead were kissing
ay green they'll never die

They'll never die they repeat to you in unison Vidita resurrected
throughout the prairie   compassionate   splendrous   kissing wildly
they repeat to you Vidita flowering we'll never die

AY VIDITA

   i. Because Chile's green meadows will never dry up
      again

  ii. The prairie in flower   Vidita resplendent like
      an illumination throughout the meadows

 iii. Because they'll never die   embracing and kissing
      Vidita we'll never die again

ALL CHILE WILL LOVE YOU!

Becaue you'll never die repeat the radiant living and dead
ecstatic   beaming   kissing one another until they draw tears
from the country green again   with all the valleys repeating
to you Vidita all the green will never die

LOS PASTOS DE LA RESURRECCION

Resucitados cielito resucitados los valles se palpaban con
los muertos y los muertos con los cielos iluminados que
palpaban   felices   como nacidos cielito como nacidos

    i. Porque de pascua todo Chile floreció sobre los
       verdes pastos de Chile

    ii. Por los pastos de la resurrección   maravillados
       palpándose en esos valles

    iii. Porque los mismos cielos florecían   sí cielito
       hasta los cielos vivían

Por los pastos de la resurrección   reverberando como un
cielo iluminado que tendiera la renacida de los muertos
todos palpándose   mareados   cielito tocándose renacidos

    iv. Porque estos valles fueron la resurrección de
       los muertos

    v. De pascua   por los pastos de la resurrección
       tocándose con los cielos

    vi. Porque Chile vivía   cielito   bajo los cielos
       vivientes de este valle

Donde resucitados se palparon los valles con los cielos
vivientes de Chile hasta que los cielos fueron los muertos
que vivían   de pascua   como un verde tocado por todo
Chile cielito todo Chile desde la muerte resucitado

THE MEADOWS OF THE RESURRECTION

*Revived Cielito revived the valleys groped for the dead and
the dead for the luminous groping skies   happy   like
babes Cielito like newborn babes*

   *i. Because at eastertide all Chile flowered
     over the green meadows of Chile*

   *ii. In the meadows of the resurrection
      stunned   groping in those valleys*

   *iii. Because the skies themselves were blossoming
       sí Cielito   even the skies were alive*

*In the meadows of the resurrection   reverberating like a
luminous sky offering the rebirth of the dead   all groping
delirious   Cielito touching one another reborn*

   *iv. Because these valleys were the resurrection
      of the dead*

   *v. At eastertide   in the meadows of the
     resurrection touching the skies*

   *vi. Because Chile was alive   Cielito   beneath
      the living skies of this valley*

*Where revived the valleys groped for the living skies of Chile until
the skies were the living dead   at eastertide   like a green
touched by all Chile Cielito all Chile raised from the dead*

HASTA LOS CIELOS TE QUERRAN

Adorados te dicen paloma los verdes pastos de Chile   de
fiesta   soplados   por todos los paisajes descendiéndote
paloma del valle como si hasta los cielos nos quisieran

   i. Porque allí estaban los pastos como un amor sin
      fin que les quisiera

  ii. Extasiados   descendidos de amor   oyendo a estas
      llanuras

 iii. Cuando se abre el cielo y es Chile entero el que
      desciende   cielito   deslumbrando los paisajes

Por donde maravillosos sólo un amor se decían los pastos
hablando del verdor que les quisieron   como besados del
alma   deslumbrados   poniéndose de ellos la enverdecida

   v. Porque adorados ellos eran así el verdor que se
      decían

  vi. Besados del alma   éramos así los pastos   como
      despuntando

 vii. Porque hasta los cielos nos querían   cielito
      hasta el cielo todo te quería

En que transfigurados los valles descendieron como desde
el cielo de Chile y Chile todos del alma sin fin que les
quisieron   innarrables   mirándose   sobre estos pastos
diciéndote ay paloma del valle hasta los cielos te querrán

EVEN THE SKIES WILL LOVE YOU

Adored Chile's green meadows   exultant   inspired   call you
Paloma   through all the landscapes Paloma bringing you down
from the valleys as though even the skies loved us

    i. Because there were the meadows like an endless
       love that embraced them

    ii. Ecstatic   descended from love   hearing
       these prairies

    iii. When the sky opens and it's all Chile
       descending   Cielito   astounding the landscapes

Where amazed the meadows said nothing but love as they spoke of
the green that embraced them   kissed from within their souls
astounded   becoming theirs the country green again

    iv. Because adored they were thus the greenness
       of which they spoke

    v. Kissed from within our souls   we were thus
       the meadows breaking forth

    vi. Because even the skies loved us   Cielito   even
       the entire sky loved you

In which transfigured the valleys descended from Chile's sky
and all Chile from the endless soul that loved them   indescribable
beholding one another   upon these meadows telling you
ay Paloma from the valley even the skies will love you

IDILIO GENERAL

   i. Abrácense entonces las llanuras de este vuelo

  ii. Que cuanto vive se abrace inmaculado sobre estos
pastos

Para que todo rubor Chile salga a mirarse por los valles
y cuanto vive vea entonces la paz que ellos se pidieron:
el verde inmaculado de estos pastos

  iii. Porque volados lloraron de alegría sobre las
llanuras

  iv. Como abrazados desde sus cenizas   infinitos
Irguiéndose con los pastos

  v. Porque Chile entero se abrazaba   jubiloso
con las criaturas inmaculadas del firmamento

Para que todo el firmamento relumbre extendiéndose sobre
los valles y Chile salga a mirar allí el verdor que para
ellos se pidieron   esplendentes: las criaturas que les
bañaba de paz el universo

  vi. Porque adorados te decían los verdes pastos de
Chile

  vii. Allí miraron esplender las llanuras   embelesados
como volándose

  viii. Entonces   como si un amor les naciera   por todo
Chile vieron alzarse las criaturas de este vuelo
ay paloma   de paz por siempre sí todos los valles

GENERAL IDYLL

   i. So let the prairies of this flight embrace

  ii. Let every living thing embrace immaculate over
      these meadows

So that in full blush all Chile can emerge to behold one
another in the valleys and every living thing can then see
the peace they cried out for: the immaculate green of these meadows

  iii. Because ecstatic they wept joyfully over the
      prairies

  iv. Emerging from their ashes embraced   infinite
      Rising with the meadows

   v. Because all Chile embraced   jubilant   with
      the firmament's immaculate creatures

So that the entire firmament can glow spreading over the
valleys and there Chile can emerge to behold the greenness
they cried out for   splendrous: the creatures bathed
in peace by the universe

  vi. Because adored Chile's meadows were speaking
      to you

  vii. There they beheld these prairies shining
      enraptured   possessed

 viii. Then   as if they had given birth to love
      throughout all Chile they saw the creatures
      of this flight rise up   ay Paloma   in peace
      forever yes all the valleys

EPILOGO

Recortados en la noche, como espejismos, con las manos
recogíamos puñados de tierra y del pasto verde
que crecía. Sé que todo esto no fue más que un sueño
pero aquella vez fue tan real
el peso de la tierra en mis manos, que llegué a creer
que todos los valles nacerían a la vida
Y es posible porque algunos cantaban
incluso tú, que no habías parado de llorar
es posible que también rieras
y contigo el aire, el cielo, los valles nuevos
toda luz, hermana, toda luz
del amor que mueve el sol te juro y las otras estrellas

EPILOGUE

Standing against the night, like mirages, we gathered
fistfuls of earth and green grass in our hands
I know that all this was only a dream but that time
the weight of the soil in my hands
was so real that I even began to believe
that all the valleys would come to life
and it is possible because some were singing
even you, who had not stopped weeping
it is possible that you too laughed
and along with you the air, the sky, the new valleys
all light, sister, all light from
the love that moves the sun I swear and the other stars

Por eso los muertos subían el nivel de las aguas

(Cordilleras, pág. 78)

That's why the dead raised the level of the waters

(Cordilleras, p. 79)

ESPLENDOR EN EL VIENTO

SPLENDOR IN THE WIND

TRES ESCENAS SUDAMERICANAS

I

Cerrándome con el ácido a la vista del
cielo azul de esta nueva tierra sí claro:
a la gloria de aquel que todo mueve
Así, tirándome cegado por todo el líquido
contra mis propios ojos esas vitrinadas;
así quise comenzar el Paraíso.

THREE SOUTH AMERICAN SCENES

I

Shutting myself off with acid in sight of
the blue sky of this new land yes of course:
to the glory of him who moves everything
So, throwing at myself blinded by all the
liquid against my own eyes those windows;
that's how I tried to begin Paradise.

II

Con mis ojos miraba a los tuyos y tú
por mis ojos
sabías más cosas de mí
Por los ojos nos entendíamos a la
distancia
y antes que dijésemos cualquier palabra
yo ya conocía lo que tú pensabas
y tú por mis ojos también

Y esto íbamos recordando
y nuestros gemidos estremecían las paredes

II

With my eyes I looked into yours and you
through my eyes
knew more things about me
Through our eyes we understood
one another from afar
and before we'd said a word
I already knew what you were thinking
and you through my eyes too

And we were recalling this
and our sobs shook the walls

III

Pero no; arrojados sobre la hierba todavía
parecían estremecerse
y sus dedos aún señalaban hacia la aldea
como si la viesen
Sin embargo, inmóviles, sólo sus camisas
se agitan bajo el viento que pasa:
tus ojos que pasan
son el esplendor del viento sobre la hierba

III

But no; strewn over the grass they
still seemed to be twitching
and their fingers kept pointing toward the village
as though they could see it
Motionless, however, only their shirts
wave in the passing wind:
your passing eyes
are the splendor of the wind on the grass

EL VIENTO SOBRE LA HIERBA

THE WIND ON THE GRASS

QUE TODA LA PAMPA ARGENTINA SE LA LLAMARÁ CIELO SÍ CÚPULA
DE SAN PEDRO Y A LAS LLANURAS DEL CHACO IMAGÍNATE ZURITA
SE LAS LLAMARÁ RIENDO PURGATORIO LA VIDA NUEVA MIRA QUE
MARAVILLA LA SUDAMERICANA

*BECAUSE THE ENTIRE ARGENTINE PAMPA WILL BE CALLED SKY YES
SAINT PETER'S DOME JUST IMAGINE ZURITA THE CHACO PLAINS
WILL BE CALLED JOYFULLY PURGATORY THE NEW LIFE LOOK WHAT
A WONDER THE SOUTH AMERICAN*

ALLI ESTAN

Con una paz indecible   lentamente sus ojos iban
recubriendo este suelo

Por el sur del nuevo mundo emergiendo llorosos de
amor desde esas malditas como si ahora sí pudieran
ser ellos los más queridos   estos cabezas negras
mucho más vivos   sonriéndonos entre sus lágrimas

Maravillosos   subiendo hasta la voladura final los
ojos que de puro humanos se les arrebataban   allí
mismo   enmudecidos   con una expresión tal de paz
y de dulzura que ni el otro mundo podría igualarlos

LOS POBRES ESTÁN POBLANDO EL PARAÍSO SI TÚ MISMO ME LA ANUNCIASTE
LOS POBRES UNA PURA DE AMOR VOLANDO LAS BARRIADAS Y YO ESTA PERDIDA
DEL ALMA O "LA NIEVE" COMO ME APODAN MIRA YO MISMO LOS SEGUÍA
TODO RESPLANDECIDO DE MÍ

THERE THEY ARE

With indescribable peace   slowly their eyes began to recover
this land

Through the south of the new world emerging with tears of love
from those accursed lands as if now they could really be the
most beloved   these dark-colored heads   far more alive
smiling at us through their tears

Wondrous   rising up in a final burst their eyes torn away
out of sheer compassion   in that very place   stunned
with an expression of peace and sweetness unequaled even
in the other world

THE POOR ARE FILLING PARADISE YES YOU'RE THE ONE WHO PROMISED ME
THE POOR A BIT OF LOVE FLYING OVER THE BARRIOS AND I THIS LOST
SOUL OR "THE SNOW" AS THEY NICKNAME ME LOOK I MYSELF FOLLOWED THEM
ALL RESPLENDENT FROM ME

El amor que mancha de tiña
por todos los intersticios penetra y se ilumina
por las barriadas pobres y las cholerías
como una llanura resplandeciente
donde nunca ni nadie se apaga

The love that marks with scabies
penetrates all the cracks and lights up
throughout the poor barrios and the slums
like a resplendent prairie
where nothing or no one is ever extinguished

La sangre de Cristo nunca me
ha fallado-cantaban
pasados de frío esos malditos

Christ's blood has never
let me down—sang
the damned chilled to the bone

Yo sé mi Dios que somos uno
y que subidas de luz las sabanas del Iguazú
se llaman Nuestra Señora
y todo el amor de estos paisejes: los tendidos de
mi soledad, de mi hambre, sí míralos
los tendidos del Señor

Vamos entonces fulanos: séquense las lágrimas
para regar con ellas los pastos que crecen
y que renombrados de luz
en tus ojos míos mi Dios se nos empañan

I know my God that we're one
that exalted by light the Iguazú savannas
are called Our Lady
and all the love of these landscapes: the spreads of
my solitude, of my hunger, yes look at them
the spreads of the Lord

Come on then guys: dry your tears
save them to water the growing meadows
and transformed by the light
in your eyes mine my God they're becoming blurred

EL PAMPERIO VIVO

A carne viva   llenos de rubor   nadie se hubiera
dicho que eran ellos los mismos esos maravillados

Al pie de sus choceríos   fundiéndose poco a poco
al color rostro humano que les volvía   incrédulos
tanteando con sus piernas el suelo   como si hasta
ellas se sorprendieran del nuevo peso de sus cuerpos

Mirándose primero de lejos para terminar abrazados
sin todavía poder creer en el sueño que estrechaban
soltándose para volver a mirarse y nuevamente en el
abrazo alejarse estallándoles de amor la carne viva

SÍ SI TÚ ME AMAS DE AMOR SE ME ESTALLARÁ LA CARNE VIVA GAUCHITO
EL PARAÍSO SE ME ESTALLARÁ POR LA CARNE ESTAS LLAGADAS DE AMOR
EL PAMPERÍO VIVO QUE SI TÚ ME AMAS HASTA LA CARA LOS OJOS
ME ESTALLARÁN DE AMOR SÍ SI TÚ ME AMAS

THE PAMPAS ALIVE

With raw flesh   in full blush   no one would have said
those astonished people were one and the same

Next to their huts   blending little by little with
the returning color of a human face   incredulous
testing the ground with their legs   as if even
they were surprised by the new weight of their bodies

Looking at first from afar then together hugging
not yet being able to believe in the dream they
embraced letting go to look again then hugging
another time and stepping back an explosion of raw love

YES IF YOU LOVE ME MY FLESH WILL EXPLODE RAW GAUCHITO
PARADISE WILL BURST THROUGH MY FLESH THESE LOVE WOUNDS
THE PAMPAS ALIVE BECAUSE IF YOU LOVE ME EVEN MY FACE
MY EYES WILL EXPLODE WITH LOVE YES IF YOU LOVE ME

LAS ALDEAS DEL TIGUANAY

Padre si es tanta tu hambre
por qué
no te alimentas de nosotros

Todavía humanos   pidiendo sus almas   se volvían
a arrancar pedazos de carne del pecho

Igual que posesos   escuchando nuevamente gemir a
los hijos que se les habían muerto de hambre entre
sus brazos   esos brazos malditos   impotentes   que
se habrían dado a sí mismos para que ellos comieran

Hambreados de amor   mirando la última pátina de
esos rostros que se besaban mordiéndose   todavía
más humanos   sin ya querer controlar sus dientes
con un aura del cielo mismo inundándoles la cara

SÍ HAMBRE DE AMOR MI CORAZÓN LE DIJO A TUS OJOS LAS CHOLERÍAS
DEL TIGUANAY COMO ESTRAGADOS DE HAMBRE LOS QUE SE BORRARON
DE DULCES Y SE DEVORARON DE AMOR CON LA MIRADA ESAS DE PURO
DULCE CHOLITA SUS OJOS DE AMOR SE COMIERON

THE TIGUANAY VILLAGES

Father if you're so hungry
why
don't you feed on us

Still human   begging for their souls   they again
tore pieces of flesh from their chest

Like people possessed   listening again to the
wailing of the children who had died from hunger in their
arms   those damned arms   impotent   would have
offered even themselves for them to eat

Starving for love   looking at the last patina of
those faces that kissed one another biting   even
more human   no longer wanting to control their teeth
with an aura from the sky itself flooding their faces

YES HUNGER FOR LOVE SAID MY HEART TO YOUR EYES TIGUANAY'S HUTS
RAVAGED BY HUNGER THOSE WHO WERE EFFACED BY THEIR SWEETNESS AND
DEVOURED ONE ANOTHER WITH THE LOVE IN THEIR LOOKS OUT OF SHEER
SWEETNESS CHOLITA THEIR EYES CONSUMED BY LOVE

Arrasadas de amor te las llamó
Cantar de los Cantares ay sí lagos del Ipacaraí
a todas estas llanuras
mira y a mí: a mí
tomándome me llamó su siervo más torvo
el que niega escucha me llamó el Miguel Angel de
sus desiertos oye que sí su embelesada

For you he named
all these prairies brimming with love
Song of Songs ay sí Lakes of Ypacaraí
look and at me: taking me aside
he called me his most distrustful servant
the disbeliever listen he called me the Michelangelo
of his deserts yeah that's right his charmer

Pues bien: yo sé que escucharé a la tierra
y ella atenderá al cielo
a los pastizales y a los desiertos
Y en ese día se oirán decir:
Color rostro humano es el cielo
y anegado en lágrimas yo les contestaré:
Color de cielo es mi Dios

All right: I know I'll listen to the land
and it will attend to the sky
the pastures and deserts
And on that day they'll be heard saying:
Color of the human face is the sky
and bathed in tears I'll answer them:
Color of the sky is my God

Entonces, aplastando la mejilla quemada
contra los ásperos granos de este suelo pedregoso
—como un buen sudamericano—
alzaré por un minuto más mi cara hacia el cielo
hecho un madre
porque yo que creí en la felicidad
habré vuelto a ver de nuevo las radiantes estrellas

Then, crushing my burned cheek
against the rough grit of this rocky soil
—like a good South American—
for a minute more I'll raise my face toward heaven
like a muther
because I who believed in happiness
shall have seen once more the radiant stars

ESPLENDOR EN EL VIENTO

Innarrables   toda la aldea
vio entonces
el esplendor en el viento

Barridos de luz   los pies de esa muchedumbre apenas
parecían rozar este suelo

Acercándose en pequeños grupos como si tras ellos
fuera el viento que los empujara   igual que hojas
tocados en la boca   hasta irrumpir en una sola voz
cantándose la sangre que dentro de ellos les latía

Pinchándose las cuencas de los ojos para saber si no
era un sueño el que los llevaba   mirando más arriba
desde donde salían a encontrarlos la muchedumbre de
sus hermanos   con los brazos abiertos   como si una
volada de luz los arrastrara cantando hacia ellos

PERO ESCUCHA SI TÚ NO PROVIENES DE UN BARRIO POBRE DE SANTIAGO
ES DIFÍCIL QUE ME ENTIENDAS TÚ NO SABRÍAS NADA DE LA VIDA QUE
LLEVAMOS MIRA ES SIN ALIENTO ES LA DEMENCIA ES HACERSE PEDAZOS
POR APENAS UN MINUTO DE FELICIDAD

SPLENDOR IN THE WIND

Indescribable   the entire village
then saw
the splendor in the wind

Swept by light   the feet of that multitude seemed
only to skim this ground

Approaching in small groups as if the wind were
pushing them from behind   like leaves   their
mouths inspired   and they erupted singing in a
single voice the blood that throbbed within them

Poking their eyes in order to know if it weren't
a dream carrying them   looking higher up where
multitudes of their brethren came out to meet
them with opened arms   as if drawn toward them
singing by a blinding light

HEY LISTEN IF YOU'RE NOT FROM A POOR BARRIO IN SANTIAGO IT'LL
BE HARD FOR YOU TO UNDERSTAND ME YOU WOULDN'T KNOW ANYTHING
ABOUT THE LIFE WE LEAD LOOK IT'S HOPELESS IT'S INSANITY IT'S
FALLING TO PIECES FOR JUST A MINUTE OF HAPPINESS

El 18 de Marzo de 1980, el que escribió
este libro atentó contra sus ojos, para
cegarse, arrojándose amoníaco puro sobre
ellos. Resultó con quemaduras en los
párpados, parte del rostro y sólo lesiones
menores en las córneas; nada más me dijo
entonces, llorando, que el comienzo del
Paraíso ya no iría.
Yo también lloré junto a él, pero qué
importa ahora, si ése es el mismo que ha
podido pensar toda esta maravilla.

Diamela Eltit

On March 18, 1980, the man who wrote this
book assaulted his eyes, in order to blind
himself, throwing pure ammonia on them.
He was left with burns on his eyelids,
part of his face and just minor lesions
on the corneas; at the time he only told
me, weeping, that the beginning of
Paradise could no longer be.
I too wept beside him, but what does it
matter now, since that same person has
managed to conceive all this wonder.

Diamela Eltit

ALLÁ

FAR

AFTERWORD

Raúl Zurita Canessa was born in Santiago Chile on January 10, 1951. After graduation from high school in Santiago, he majored in civil engineering at the University of Federico Santa María, Valparaíso, where he completed his studies in 1973. He is now living in Santiago.

In May 1975, the review *Manuscritos* published Zurita's "Areas Verdes" (Green Areas), a series of highly original poems that attracted the interest of critics in Chile. This single edition of *Manuscritos,* which was edited by Christian Hunneus and contained an important selection of poems by Nicanor Parra as well as articles by Ronald Kay, Jorge Guzmán, Castor Navarte, and others, led to the dismissal of Hunneus from the University of Chile, where he was director of the Department of Humanistic Studies. "Green Areas" was later included in Zurita's first book, *Purgatorio* (Santiago: Editorial Universitaria, 1979), which established his reputation as one of the most innovative and promising poets in Spanish America.

Zurita's most recent book, *Anteparaíso* (Santiago: Editores Asociados), has brought him international acclaim since its publication in October 1982. Ignacio Valente, a well-known Chilean critic who must be credited for having both recognized the importance of Zurita and encouraged him from early on, correctly asserts that in *Anteparaíso,* Zurita is "writing on the very frontiers of the language, and not within areas already conquered. . . . I consider it unlikely that in our language today there is another thirty-year-old poet who has achieved as much as Zurita" ("Zurita entre los grandes," *El Mercurio,* October 24, 1982). Although Zurita is only now becoming known to North American Hispanists, many of those acquainted with his poetry feel that he is the most brilliant and important new voice in the Spanish language.

Since the publication of *Anteparaíso,* Zurita's readings in Chile and abroad have attracted thousands of listeners, as much for their subject matter as for their demonstration of a unique poetic structure. In 1982 he witnessed the aerial writing of his poem "La Vida Nueva" (The New Life) in the sky above New York City, and in 1983 he was invited to give public readings in Paris. In 1984 he gave a series of readings in the United States, mostly in universities on the West Coast, and he received a Guggenheim Fellowship, which has enabled him to continue work on *La Vida Nueva,* an extremely ambitious book he hopes to complete in 1987–88. Two parts of the latter work have been published in Spanish: *El paraíso está vacío* (Paradise Is Empty), Santiago, Mario Fonseca, editor, 1984, and *Canto a su amor desaparecido* (Song to Their Missing Love),

Santiago, published November 1985 by Editorial Universitaria. In October 1985 a bilingual edition of *Purgatorio* (trans. Jeremy Jacobson) was published by the *Latin American Literary Review* (LALR Press).

My first encounter with Zurita's poetry was accidental. In June 1983, when I was in Chile, a friend who teaches at the Catholic University in Santiago gave me a copy of *Anteparaíso* the evening before my departure for Lake Maihue, in the province of Valdivia. Although I had never before heard of Raúl Zurita, his poetry haunted me, even gave me nightmares throughout the south of Chile and Argentina. I was overcome with a sense of urgency that an English version of this poetry be made accessible as soon as possible. It is a sad fact that translations of outstanding Latin American poets (Vallejo, Neruda, Drummond de Andrade, to name but a few) have in the past often arrived too late for their authors to receive the recognition and support they so richly deserved at a much younger age.

From Buenos Aires I was finally able to contact Zurita by telephone. I had initially planned to go fly-fishing for dorado in the Bermejo River in northern Argentina, but I changed my itinerary and returned to Santiago to meet with Zurita, with whom I made arrangements for these translations and a two-month recital tour in the United States. I later consulted extensively with Zurita, who also wrote, at my request, a special Introductory Note for this edition.

Anteparaíso can be read as a creative response, an act of resistance, to the violence and suffering during and after the 1973 coup that toppled the democratically elected Allende government. The idea of America as the Promised Land has persisted in literature on both sides of the border. Raúl Zurita's dream can also be interpreted as a metaphor of the struggle of millions of people in America (and elsewhere) who have yet to see the promise of a better life fulfilled. His dream is a visionary and generous gift to humankind everywhere, and I shall cherish forever the opportunity to share this glimmer of the New Life with my brethren to the north of the Río Bravo.

Jack Schmitt

Sunset Beach, California
November 1984

NOTES

Devotion, p. ix.

Diamela Eltit, teacher and novelist, is the major source of inspiration for *Purgatorio* and *Anteparaíso*, Zurita's first two books.

The beaches of Chile V, p. 15

"En esa desesperada" (in his despair) is a typical construction throughout this book. Zurita's consistent use of the nominalized adjective in the feminine form—*desesperada*, rather than the noun *desespero*—constitutes a break from traditional poetic diction in Spanish, and he is extremely inventive in his varied use of this form. Similar instances of this particular usage are, on p. 27, "*la iluminada* de estos sueños" (the illumination of these dreams) rather than *iluminación*, and "*esas lloradas*" (those tears) rather than *esos llantos*, p. 33. Most frequently Zurita uses the evocative and ambiguous form found in the last verse of "The Sparkling Beaches." By using "*la bautizada* bendita" (the blessed *baptism*) rather than "*el bautismo* bendito," p. 19, Zurita suggests a number of feminine nouns with the self-contained modifier "baptized"; *la patria* (homeland or country), *la libertad* (freedom), *la prometida* (fiancée), and so on. The same is true of *la constelada* que pidieron," which I translate "*the star* they asked for" (p. 25), but the nominalized adjective *la constelada* carries within it the modifier "starry" or "star-spangled," along with the nouns (country, liberty, fiancée, etc.) mentioned above. In most instances I have rendered this by pinning the meaning down to the noun "country," preceded by the adjective, as in *la revivida* (the revived country, p. 37), *la reverdecida* (this country green again, p. 133), *la enverdecida* (this country green again, p. 137), *la renacida* (the country reborn, p. 141), and so on. The same kind of ambiguity applies to the "woman" addressed in many poems of *Pastoral*, as well as to the elusive possessive adjective *sulsus* (his, her, your, its, their), which is used so effectively in poems such as the series entitled "The Duce's Cordilleras." All these structures, as well as the distortions and breaks in Zurita's syntax, tend to give his language a connotation of a kind of delirium in which it becomes senseless to speak of masculine or feminine gender, of possession and attribution, as if he were speaking in a state of ecstasy or rapture, where the most important thing is the power and purity of the images.

The beaches of Chile XIV, p. 37

Aurático (auratic) is a neologism based on the noun "aura," and I have rendered it literally.

Cordilleras III, p. 61

The opening text attributed to an Aymará Indian song is apocryphal.

Cordilleras V, p. 65

The opening text attributed to the Quiché (an Indian language and a people of Guatemala) is supposed to be a child's voice. Zurita says that he recalls something similar to this passage in the *Popoh Vuh* (the sacred book of the Quiché, based on oral traditions).

"Esas *voladas*" (the demented mountains) is a nominalized adjective agreeing with *montañas* or *cordilleras;* the word *volado* also means delirious, high, or intoxicated, as well as demented.

The Duce's cordilleras, p. 71

"Those mountains to the west" (there are none to the west of Santiago) are the Duce's troops. The sense of isolation and imprisonment suggested by this recurrent image is at once eerie and overwhelming.

The sky holes II, p. 79

The first text is a figurative rendering of Gen. 2.1 ("Thus the heavens and the earth were finished, and all the host of them").

Ojos del Salado, p. 91

Lying between the provinces of Catamarca, in Argentina, and Atacama, in the Andean sector of northern Chile, Ojos del Salado is the highest (6,908 meters) extinct volcano in the world. The literal meaning of Ojos del Salado is "headsprings of the Salado [River]."

In the following two poems, Huascarán (elevation 6,780 meters) is a mountain located in the Cordillera Blanca of the Peruvian Andes, in the province of Ancash, and Aconcagua (elevation 6,959 meters), located in the Argentine province of Mendoza, is the highest mountain in the Western Hemisphere.

The valleys of the malquerida, p. 111

In Spanish, "la malquerida" is a woman loved by someone whose love is misguided, misplaced, or improper (e.g., love for a prostitute or incestuous love), or by someone who does not deserve the affections of the woman loved. *La Malquerida* (1913) is also a play written by Jacinto Benavente.

The Spanish *gozándose* (enjoying herself) has sexual connotations.

Mary's cry, p. 113

In Spanish the word *pascua*, which I have rendered as "passion," is used for Easter (Pascua de la Resurrección, or pascua florida), for the Holy Days of Christmas, and for the Epiphany and the Pentecost, and it is the word used for the "Passover" of the children of Israel from Egypt. The plural form *pascuas* is used for the Christmas holidays.

Pastoral III, p. 121

"Ponte de espalda" (lie on your belly) is the order given to prisoners to lie on the ground, face down, with hands locked behind the neck.

Forever flowering, p. 159

Vidita (little life) is a term of endearment. In the Spanish-speaking world, the more frequently used *mi vida* (my life) is equivalent to the English "darling," "sweetheart," "my love."

They sang a new color, p. 161

"Donde *tocados* sobre Chile el *cielito lindo*" (Where *playing* above Chile the *cielito lindo*). I am unable to hold all the meanings of the Spanish *tocados* (touched, in both senses of the word, touching something and being touched or moved *by* something or someone and played, in the sense of playing a song or an instrument), which agrees with both the *cielito lindo* and the flowering meadows. The *cielito lindo* has multiple meanings; it is a famous song of anonymous Mexican authorship, a term of endearment (literally, lovely little sky, and figuratively, my love, sweetheart, darling) and the sky itself; the unmodified *cielito* is also an Argentine gaucho folk song and dance.

Spanish *"tocándose* en esos pastos" (*playing* in those meadows) also means "touching one another."

As a nominalized adjective, *la encielada,* which I translate as the sky, suggests "the country (and/or liberty, sweetheart) encased in the sky," and it can also mean sexually aroused or madly in love.

They'll never dry up again, p. 163

"*Ay* green they'll never die." Here and in subsequent poems I have not translated the Spanish *ay,* which can mean either *oh* or *ah,* according to the context.

Even the skies will love you, p. 167

Paloma (dove) and *palomita* (little dove) are terms of endearment, and in these poems they also stand for the traditional symbol of peace. The words *paloma, cielito,* and *vidita* are commonly used in Spanish American folklore.

The Pampas alive, p. 195

The word *pamperío,* used in this poem with reference to the Argentine pampas, means a "grouping" of pampas. The suffix *-ío* is used frequently in Argentine folk music, as in *guitarrerío* (the sounds of guitars) or *pobrerío* (groups of poor people). The word *gauchito* (little gaucho) is a term of endearment used in Argentine folk music.

In Chile the word *pampa* (or *pampas*) is used with reference to the vast Atacama Desert (to the north of the city of La Serena), whose inhabitants are called *pampinos.*

The Tiguanay villages, p. 197

Zurita invented the name Tiguanay. The word *cholita* is, in this context, especially with reference to the Indians or mestizos of Peru and Bolivia, a term of endearment. But used by Chileans with reference to Peruvians, it is both racist and charged with the stereotyped negative qualities attributed in the United States to the words "greaser" or "spic."

For you he named, p. 199

There is a Lake Ypacaraí in Paraguay. Zurita pluralizes it to give the impression of many lakes.

Then, crushing my burnt cheek, p. 203

"Hecho *un* madre" (like a m*u*ther). By using "m*u*ther" (as opposed to m*o*ther), I am striving for the same effect achieved in Spanish by the use of the masculine, as opposed to the feminine, indefinite article *(un/una)* before the word *madre*. In both languages there is a narrow and often ambiguous line between admiration or praise and the most offensive of insults, which is achieved by context, tone of voice, or (especially in English) modifying adjectives: "That guy's really a *courageous* (as opposed to *loud-mouthed)* mother." In Spanish, too, the insult is often expressed through ellipsis.